京都おでかけ帖

12ヶ月の憧れ案内

甲斐みのり

祥伝社黄金文庫

文庫版によせて

20代の2年間を過ごした「私の京都」が詰まった本書が、このたび、持ち運びしやすい文庫になりました。

今の京都は、私が住んでいた頃とは比べものにならないくらい大勢の海外の方が訪れ、街並みも建造物もお店も人も、もしかしたら作法までも、少しずつ変わってしまっていることでしょう。それでも、あの頃私が暮らし、憧れた「京都」は、まだそこかしこに残っていて、訪れるたびに懐かしさと当時のときめきが蘇ってきます。

本書では、エッセイを交えながら、ひと月ごと、四季折々の京都の楽しみ方を紹介しています。一風変わったガイドブックとして、あなたの旅のお役に立てますように。

２０１６年８月　　甲斐みのり

はじめに

京都を離れ、東京での生活を始めてから4年が経《た》ちました。その間、東京にいて季節を意識する先には、いつも京都があります。月が変わり、カレンダーをめくるとき、「今月は大文字《だいもんじ》の送り火や、納涼古本市がある」とか、「そろそろあのお店では、秋だけしか作らないお菓子の販売が始まる頃」と、京都の暦や行事が浮かんできます。

いままで、静岡、大阪、京都、東京と、いくつかの土地に住んできました。どの街にもいいところがあって、街ごとに深い愛情を持っています。けれど、ひとつの年の流れの中には、4つの季節、12の月があるということを、どこよりも意識させられ、ときの移ろいという趣《おもむき》を教えてくれたのは、京都です。

京都では、生まれ育った人や、長く暮らしている友人から、数えきれないほどの知らなかったこと、美しく可愛《かわい》いものを教えてもらい、私はすいこまれるように、京都に魅了されていきました。知らなくて知りたいことがあれば足を運び、目と手で確かめ、感じて。

そんな中、東京タワーにのぼったことがない東京在住の人が多くいるように、京都に暮らす人たちも、未経験なこと、近すぎて振り向いていないことが、意外にも数あることに気がつきました。だから私は、京都を「憧れの視線」と「暮らしていた視線」、内と外の両方から見つめ、紹介することができたらと考えました。

食べるもの、訪れる場所、何をして過ごすか、どんなものを買うか。ひと月ごと、12通りの楽しみ方を、私が京都に抱いた憧れや、過ごした時間の思い出をまじえながら、ご案内いたします。

文中、たくさんの「私」が出てきますが、ページをめくってくださる方が、いつか感じたことのある気持ちを思い出し、この本の中でそれぞれの「自分」を見つけていただくことができればと、そんなふうにも願います。

京都に想いを馳《は》せるとき、京都を旅する途中、この本を広げていただければ、なにより幸いです。（2005年 夏）

京都おでかけ帖
もくじ

10月

11月

12月

1月

写真／米谷享
ブックデザイン／横須賀拓
題字・画／山本祐布子
編集協力／三浦まきこ

本書は、2005年11月に弊社より単行本『京都おでかけ帖～12ヶ月の憧れ案内～』として刊行されたものを、加筆・修正のうえ文庫化したものです。すでに閉店したお店や、取り扱いの終了した商品については、欄外などに注記しました。

4月　京の春はピンク色

桜の花びら
甘いお菓子
都をどりの幕開けの舞妓さんの声
恋する人を想い買った、頬紅、口紅、髪飾り
雨ふる日の傘、選ぶ洋服

京都の街も、私の心も
4月の色はピンク色
4月のなみだもピンク色

どうしても見せたいもの、見せたい色、聞かせたい声があるから、桜の開花宣言とともに、恋人とふたり京都へ向かう。

「きっと、京都はいまごろピンク色に染まっている。涙が出るくらい可愛くて、美しいの」。京都に到着するまでの車中、京都で生活していた頃のことを、彼にゆっくり話す。

午前10時。京都駅の南側、道を隔てたMK貴賓室前で〈MKタクシー〉に乗車。ハート形のぼんぼりに、紳士的な態度のこのタクシーに乗ると、数分の乗車時間もお嬢様気分になれるから好き。「四条川端以東の※1〈まる捨〉まで」と、運転手さんに告げる。

生クリームたっぷりのフルーツサンドとフルーツジュースで、京都散策は幕開け。暮らしていたことがある街を、彼と歩くことができるのが嬉しくて「4月の京都は祇園界隈《かいわい》と、

※1　閉店

東山がいいのよ。今日は私についてきてね」と、いつものデートと逆転主導をここで宣言。

八坂の塔を見上げながら、二年坂の途中にある〈かさぎ屋〉を目指す。学生時代に修学旅行で、憧れの竹久夢二が好物だったというぜんざい食べたさに、ひとり決められたコースを抜け出しやってきて以来。あの頃は、制服を着てひとりで飲食店に入ることは大きな冒険で、お店の前を何度も行ったり来たりした。

夢二の水墨画を眺めながら、夢二と彦乃がこの地で過ごした数ヶ月の幸せな時間と、私たちふたりの時間を重ね合わせ、私はおしるこ、彼はぜんざいを味わう。日頃は甘いものが苦手な彼も「どっちのおもちが長くのびるか━なんて、いつもよりはしゃいでいるみたい。

清水寺を一周し、土産《みやげ》物屋を流して見たあと、祇園甲部歌舞練場《ぎおんこうぶかぶれんじょう》で4月の間上演されている、京の風物詩〝都をどり〟へ赴くため、再び祇園へ。都をどりは、京都に暮らしていたときはもちろん、京都を離れても必ず足を運ぶ、ここ数年来の年中行事。今年は彼と一緒の特別観覧。「お茶券付きの1列目の特等席を用意しました」。内緒にしていた座席を、改まって打ち明ける。お茶席で、本物の舞妓さんを初めて目にした彼は大感激。私はといえば、おだんご柄のお皿と抹茶碗を手にうっとり。お茶席から劇場に移動し、一番前の席で始まりの時を待つ。

「都をどりはヨーイヤサー」という舞妓さんのかけ声で幕開け。「このピンク色をした声を、あなたに聞かせたかったのよ」と心の中で彼に語りかけながら、感極まって涙ぐむ。

蝶々の形に結んだ舞妓さんの帯や揺らめくかんざし、慎ましく力強く舞う姿に恋い焦がれ、祈りを捧げる姿になって舞台に酔いしれる私。「生まれかわったら、舞妓さんになりたい」。閉じられた幕の前で、彼の手をとる。

満たされた気持ちを抱えながら、祇園界隈のお店巡り。彼が今日のお礼にとプレゼントしてくれたのは、舞妓さんが通う雑貨店〈幾《いく》岡屋《おかや》〉のお花と蝶々の髪飾りに、〈かづら清老舗〉の千鳥のつげ櫛《ぐし》とつばき油。彼から私への贈りものは、決まって黒髪に似合うもの。〈大原女家《おはらめや》〉※2〈鍵善良房《かぎぜんよしふさ》〉〈山田松香木店《やまだまつこうぼくてん》〉〈原了郭《はらりょうかく》〉と、両手いっぱいお土産を買いこんだところで、〈レディースホテル長楽館《ちょうらくかん》〉※3へ向かう。桜の季節の八坂神社と円山《まるやま》公園は、お花見をする人たちがいっぱいで、食べ物の出店やおばけやしきが軒を連ねて賑やか。

※2　閉店
※3　2008年に「ホテル長楽館」としてリニューアルし、現在は男女ともに宿泊できます

長楽館では、私ひとりでチェックイン。そう、ここはその名の通り、女性限定のクラシックなホテル。今宵《こよい》は、あまの川のような桜の木々に隔てられ、私はこちら、彼は少し離れた〈お宿 吉水《よしみず》〉と、別々の宿泊。「春の長楽館に泊まってみたい」と言った私の言葉を覚えていて、彼がこの旅では別々に夜を越えることを勧めてくれた。廊下※4や階段の装飾・照明、部屋の壁紙やお風呂場のタイルをチェックしてからロビーにおり、彼の迎えを待つ。

夕刻の食事は、祇園の料亭〈祇園にしむら〉のカウンター席を予約。男気たっぷりの個性派大将の腕さばきは、料理の味以上の満足感を与えてくれる。

このうえない贅沢《ぜいたく》なお料理を堪能したあとに、私が大好きな喫茶店〈たんぽぽ〉※5へ立ち

※4　P14-15の写真は「ホテル長楽館」リニューアル前のものです
※5　閉店

寄る。ここは、ときどき恋文や短い詩を書いたりしていたところ。帰りに扉の前で見送ってくださる着物姿の上品な奥様に「あなた、詩を書いていらっしゃるの?」と話しかけられ赤くなったのも、大切な思い出。

別れを惜しむように、散歩がてら遠回りする宿までの帰り道。祇園の縄手通《なわてどおり》、ライトアップされた夜桜の周辺は、身動きもできないほどたくさんの人。桜の木の下で記念撮影をする人が列をなす中、ふたり同じ瞬間に、暗い川べりに咲く薔薇《ばら》の花を見つけた。「桜も綺麗だけど、この薔薇の赤も綺麗ね」と、顔を見あわせ、笑いあう。

翌朝、まだ人もまばらな時間、哲学の道を南禅寺に向かって歩いてみる。彼と一緒に、「ある光」「春にして君を想う」という歌を口ずさみながら。入学式に向かう初々《ういうい》しい学生

服の少年少女、記念撮影する親子、東京では忘れていた、朝の日常風景が続く。

南禅寺のすぐ横にある水路閣から、疏水の流れを辿《たど》って森の中を歩いていくと、傾斜鉄道線路跡が姿を現す。線路の上には、一面の桜。淡いピンク色の花びらが視界を彩るこの場所へ、いつか恋する人と連れだって来たいと思い続けた小さな夢が、叶えられた。レールの上を歩き、カメラのシャッターを押しながら、詩的な情景に彼は既視感を覚えたよう。初めて来たはずなのに「懐かしい」と言っていたから。

もうそろそろ、帰らなくちゃ。逃避行的ふたり旅に用意された京都滞在時間は、26時間。夜には東京で、いつもの景色の中。駅まで向かうタクシーの車中、「今度はゆっくりね」と指きりをする。

京の包み紙

私の母は、デパートやお菓子屋さんの綺麗な包み紙を大切にとっておき、ノートの表紙に貼って使っていた。父は、学生の頃、お歳暮やお中元の品物を包装するアルバイトをしていたとよく得意気に話し、私が友達に贈るものなど代わりに包んでくれた。

だから私は、綺麗な包み紙を見ると母に、上手にくるまれリボンがかけられたものを見ると父に、「綺麗でしょ」と見せてあげたくなる。

京都では、「包むこと」に美意識や価値を見出していないお店を見つけることのほうが難しい。自信ある商品が包まれた姿が、美しく完璧であってこそ、はじめて最終形に辿り着き、完成されるといわんばかりに。

〈一《いっ》保《ぽ》堂《どう》茶《ちゃ》舗《ほ》〉の「茶経」が書かれた包装紙は、京都本店のみ[※6]の特別な和紙製。丸い茶缶が蛇腹状に包まれた形が見事で、ひとり封をあけるのが惜しくなり、両親に贈ったことがある。鮮やかな水色と東郷青児の絵がよく似合う〈喫茶ソワレ〉の包装紙も、母のために同封した。

※6　現在は、東京丸の内店、NY店でも使用されています

Tea Room
Soiree
NISHIKIYAMACHI DORI, SHIJO AGARU, KYOTO.
TEL (075) 221-0351・5359
一保堂

京の包み紙（P19）

下に敷いた紙左／〈恵文社 一乗寺店〉プレゼント用ラッピングペーパー。
下に敷いた紙右／〈丸太町 かわみち屋〉蕎麦ぼうろラッピングペーパー。
左／〈一保堂茶舗 京都本店〉茶缶が包まれた紙。
右／〈喫茶ソワレ〉タンブラーが包まれた紙。

【今月の案内図】

かさぎ屋〈map1-❶〉
京都市東山区高台寺桝屋町349
TEL：075-561-9562
営業時間 11:00～18:00（LO 17:40）
定休日：火曜（祝日の場合は営業。代休あり）

幾岡屋
京都市東山区祇園町南側577-2
TEL：075-561-8087
営業時間 11:30～18:00
定休日：木曜

かづら清老舗
京都市東山区四条通祇園町北側285
TEL：075-561-0672
営業時間 10:00～19:00
定休日：水曜（年末年始、お盆は営業）

都をどり問い合わせ〈map2-❸〉
（祇園甲部歌舞練場）
京都市東山区祇園町南側570-2
TEL：075-541-3391

ホテル長楽館〈map1-❷〉
京都市東山区祇園円山公園
TEL：075-561-0001

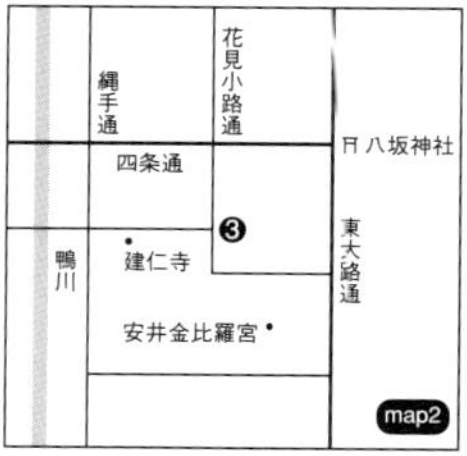

5月

乙女の祈り

綺麗になりたい、優しくなりたい
恋し、恋され、添いとげたい。
手をつなぎたい、眠りたい
作ったお料理食べてほしい。
尽きることない話をしたり
ときどきは、言葉がなくてもよかったり。

私の好きな、京都の橋の上からの眺め
この青い景色、見せてあげたい。

同じ景色を見ながら、きっと思うの。
あなたと会えて、よかったと。

Soirée
Soirée

喫茶ソワレ　恋と酒と遊び

20代前半を過ごした京都での生活には、夢や恋への、情熱や揺らぎがあった。だから、若き日の哀歓を恋と酒と遊びに託し歌った歌人・吉井勇《よしいいさむ》に惹《ひ》かれる。彼の言葉は、胸の奥へしまいこんでいた感傷を突くから。

「かにかくに祇園はこひし寝《ぬ》るときも枕の下を水のながる」という歌碑が、祇園の白川沿いにある。この有名な歌のように、私も京都が恋しい。友人の結婚式のため、京都で久しぶりに旧友たちと再会することになり、旅立つ前、古本屋で手に入れた吉井勇の『歌集　酒ほがひ』を〈喫茶ソワレ〉で読もうと、鞄に忍ばせた。

ソワレでは、いつも誰かと一緒だった。恋人とは、独特の青い照明の下でキラキラ光るゼリーポンチ、女友達とはビールの小瓶をよく頼んだ。父を連れていったこともある。外壁の「珈琲の香にむせびたるゆふべより夢見るひととなりにけらしな」という、ソワレのために詠まれた吉井の歌碑の前で立ち止まり、音読する父の背中が記憶に残る。

仲のいい友人がアルバイトをしていて、ひとりで訪れても、働く彼女と目が合えば笑いあっていたので、ひとりという気がしない。混み合うことのない平日の昼は、2階奥の団体席に座る。私がもっとも好きな画家、東郷青児の「リボンの女性」という絵が望めるから。

夕方から始まる式の前、私はソワレの2階の窓際の席に座る。珈琲を注文し、『歌集酒ほがひ』のページをめくる。「くちづけを七度すればよみがへる恋と軽んじくちづけをする」。「酒に酔ひ忘れ得るほどあはれにも小くはかなきわれの愁か」。「いとさむきむかしの声をまたも聞くなほほこりかに恋を語るか」。

　吉井の歌に、いつか抱いたことのある切ない気持ちを思い出す。ソワレで過ごした時間の中、目の前にいた人たちの顔が順によぎる。

　もうすぐ式が始まるから行かなくちゃ。結婚するふたりへの祝福とともに、恋と酒と遊びをともにした、懐かしい人たちに会う期待と、少しの感傷を抱き、店をあとにする。

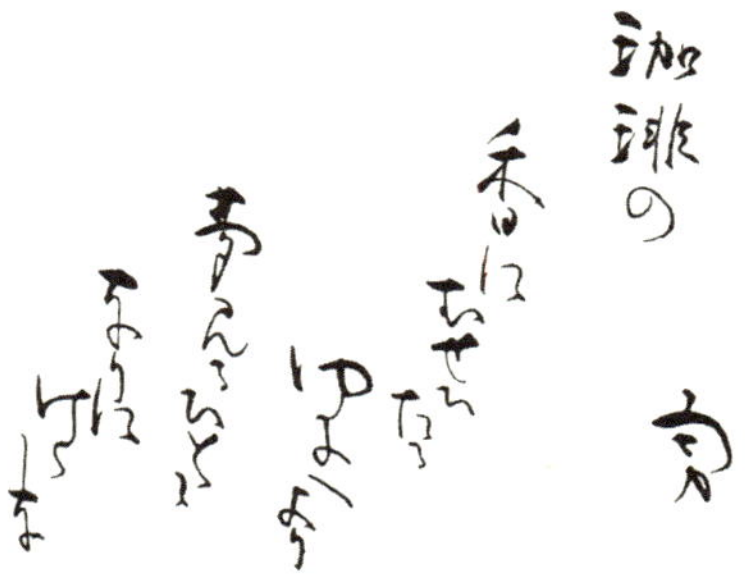

ソワレのために詠まれた、歌人・吉井勇の歌。昔、販売されていたコースター（非売品）。左から、中井史郎、佐々木良三、東郷青児の画。ソワレといえば、東郷青児の絵画で有名だが、他にも素敵な少女画が、お店の壁に飾られている。

【喫茶ソワレ】

京都で一番、女性が「少女の心」に戻れる、ロマンチックな雰囲気が漂う喫茶店。

肌が美しく見えるというブルーの照明と、余計な音のない、静かな空間。額縁の中の繊細な少女画、硝子《ガラス》ケースの中に並ぶアンティークのコーヒーカップ、色とりどりの透き通ったゼリーにソーダ水が注がれたゼリーポンチ、ウェイトレスの佇《たたず》まい。

ソワレに存在するすべてのものに、〝ああ私、女に生まれてきてよかった〟と感じずにはいられない。

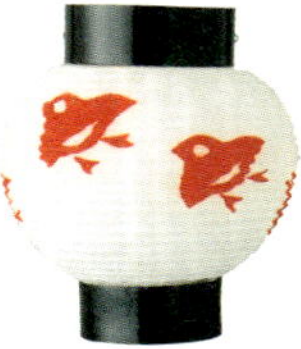

千鳥に願いを

5月を色にたとえるならば、青。
初めて恋をした5月生まれのあの人も、
青が好きだと言っていた。
川の流れを見ては、思い出す。
飛ぶ鳥を見ては、祈ってみる。
「いつまでも、あの日のように、
恋する私でいさせてください」
5月の京都は、
千鳥がもっとも多く見つけられる月。
「青い鳥」になぞらえて、
京都で幸せの千鳥探し。

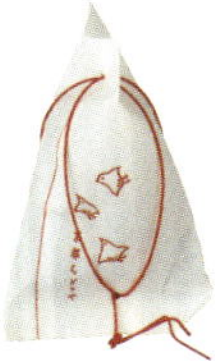

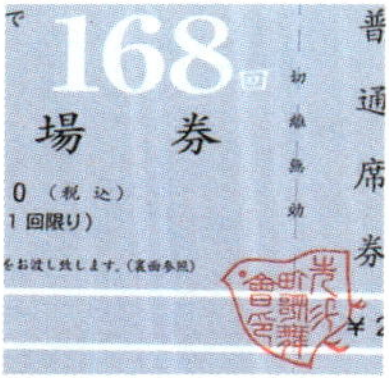

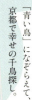

1段目）5月に「先斗町歌舞練場」で行われる、千鳥がシンボルマークの「鴨川をどり」。歌舞練場の売店で買った小さな提灯。　2段目）駅や街中に貼られている、鴨川をどりのポスター。　3段目左より）〈京都ちどりや〉の、あずきの粉と黒砂糖の無添加石鹸。　歌舞練場の中で見つけた看板。　1段目と色違いの提灯。　4段目左より）鴨川をどりの入場券。〈嵩山堂《すうざんどう》はし本〉の丸い懐紙。　歌舞練場からほど近い、〈先斗町駿河屋〉のおまんじゅう。懐紙にも千鳥。

1段目左より）〈かづら清老舗〉で購入した千鳥の抜き彫りが施されたつげ櫛。　手紙を出すときに封筒に忍ばせ香りを運ぶ「文乃香」は、〈嵩山堂はし本〉のもの。　鴨川をどりのお茶席でいただく、お抹茶の器にも千鳥。　2段目左より）〈ぴょんぴょん堂〉の懐紙。鴨川をどりの期間中、歌舞練場の天井は千鳥の提灯で埋め尽くされる。　舞妓さんと千鳥の花名刺は、〈ぴょんぴょん堂〉で購入。花名刺とは、舞妓さんが名刺代わりにしている千社札のこと。　3段目左より）鴨川をどりのお茶席券。〈京都ちどりや〉の帯留。〈先斗町駿河屋〉の落雁（取扱終了）。　4段目左より）骨董屋で見つけたお皿。　歌舞練場の緞帳。　東寺の弘法市で買った豆皿。

【相生社】縁結びをお祈りするならば、下鴨神社の敷地内にあるこちらへ。神皇産霊神《かむむすびのかみ》が御祭神で、結納の守護神として信仰を集める。十二単と衣冠装束姿を象《かたど》った「縁結びおみくじ」は、栞としての用途も備えたもの。

恋の神様

「恋みくじ」と「恋守り」

京都で一番の人気を誇る恋の社《やしろ》は、清水寺の「清水の舞台」を通り抜けて辿り着く、世界遺産の地主《じしゅ》神社。創建は日本の建国以前とされ、因幡《いなば》の素《しろ》兎《うさぎ》を助けたことでも有名な縁結びの神様・大国主命《おおくにぬしのみこと》が主祭神。

中学の修学旅行で、同級生の列に並び「恋占いの石」で恋の行方《ゆくえ》を占おうとしたけれど、なんだか大勢の人の前で目を閉じて、ふたつの離れた石の間を歩くのが気恥ずかしくて、結局なにもせずにその場を離れた。

【貴船神社】水の神様が祭られていることにちなんでいる、境内の霊泉に浮かべると文字が浮かんでくる「水占《みずうら》みくじ」は、京都で一番好きなおみくじ。和泉式部が参詣し、和歌を詠んで恋の成就を祈ったことから、「恋の宮」としても知られている。

それから何年もあとに、下鴨神社内にある相生社《あいおいのやしろ》という、静かに恋の成就を祈ることができる場所を見つけた。人同士の縁の合う・合わないを表す言葉「相性」の語源とされる、2本の木が途中から1本に結ばれている、〝連理の賢木《さかき》〟が御神木の小さな神社。散歩の途中にときどき立ち寄り、お賽銭を入れていた。

恋の成就は、神様の力だけではどうにもならない。結局は自分次第。運命は信じているけれど、だから、恋の神様の前では、ただ神頼みするのではなく、「可愛げのある女性でいられるよう、意識高く参ります」と、宣言みたいなことをしている。

京都乙女甘味図鑑　その1

　京都のお菓子に魅了されるようになったのは、京都の喫茶店〈六曜社《ろくようしゃ》地下店〉のマスターの奥さん・美穂子さんと、東京と京都のお菓子交換を始めてから。最初は「手紙にお菓子が添えられている」くらいだったのが、徐々にお菓子のほうが主役になることが増えてきた。

　毎月のように美穂子さんから届けられるお菓子は、四季を重んじる京都らしい、季節の美しい風景が象《かたど》られたものだったり、ひとりで食べるのが惜しくなる、その形や彩りの可愛らしさを誰かと共有したくなるようなものばかり。

　そして、私も美穂子さんが喜んでくれるようなお菓子はないかと、「可愛く甘く美味《おい》しいお菓子」を探すアンテナを、東京や旅先で働かせるようになった。甘いお菓子は、どんな年齢の女性をも、〝女の子〟の気持ちに戻す魔法の薬。いつか、美穂子さんとのお菓子交換記を本にできたら、と思っている。甘く可愛いお菓子たち、みんなに教えてあげたい。

手づくり
京金平糖

京都乙女甘味図鑑　その１（P31）

右上から反時計回りに／〈総本家 河道屋〉蕎麦ほうる。〈緑寿庵清水〉天然水サイダーの金平糖。〈亀末廣〉絹のしずく。〈大原女家〉都をどりのお菓子２種(閉店)。〈村上開新堂〉ロシアケーキ。〈俵屋吉富〉紫陽花の創作干菓子（現在は内容が変更されています)。

【今月の案内図】

喫茶ソワレ〈map1-❶〉
京都市下京区西木屋町通四条上ル
TEL：075-221-0351
営業時間
1F　13:00～19:00（LO18:00）
2F　14:00～19:30（LO18:45）
定休日：月曜（祝日の場合は翌日休）

地主神社
京都市東山区清水1
TEL：075-541-2097

相生社（下鴨神社内）〈map2-❷〉
京都市左京区下鴨泉川町59
TEL：075-781-0010

緑寿庵清水〈map2-❸〉
京都市左京区吉田泉殿町38番地の2
TEL：075-771-0755

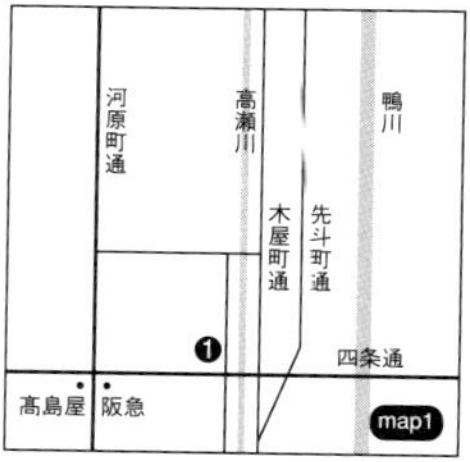

6月　夢みるくらし

「おかえりなさい」
「お茶を淹《い》れましょう」
子どものころのおままごと
いつか思い描いた暮らし

町家、洋館
京都の建物眺めながら
あの日のように、
憧れの暮らし、心に描く

あこがれ印の京都建物

歴史を刻んだ建物を眺めるのが好き。私のかつての住まいは、下鴨神社、京都御所、相国《しょうこく》寺《じ》、詩仙堂《しせんどう》などが、自転車ですぐの距離にあり、何度訪れてもあきることはなかった。

そんな歴史的建造物はもちろんのこと、かつての賑わいや人の暮らしが想像できる町家（隣家と接して建ち並び、通りに面した入り口が狭く、奥行きがある「鰻《うなぎ》の寝床」と呼ばれる造りの木造建築）や洋館を見ると、味わいのある家に住むことに憧れる。

そして、町家の格子や引き戸、洋館の窓枠やエントランスの装飾、建物の一部分を目にする

と、創造的なイメージが湧く。〝あんな格子模様に金や銀の色をのせて包装紙を作ったら綺麗〟と、町家の前で立ち止まり、その姿を目に焼きつける。

黒澤明監督の映画「わが青春に悔なし」にも使われた、元・京大教授の駒《こま》井《い》卓《たく》博士の私邸である旧・駒井邸の特別公開に訪れたことがある。そのときは、透明や紫のクリスタルのドアノブを見て〝このドアノブをイメージした指輪やペンダントがあったら素敵〟と、その場で頭に浮かんだものの形をノートに描いた。

『建築MAP京都』（TOTO出版）という、国宝や重要文化財から、現代建築までの情報がつまった本があるけれど、私の頭の中にも、自分だけの京都建物マップがあって、町家・洋館・お店・ホテル・民家と、京都の街中いっぱい、「あこがれ印」がついている。

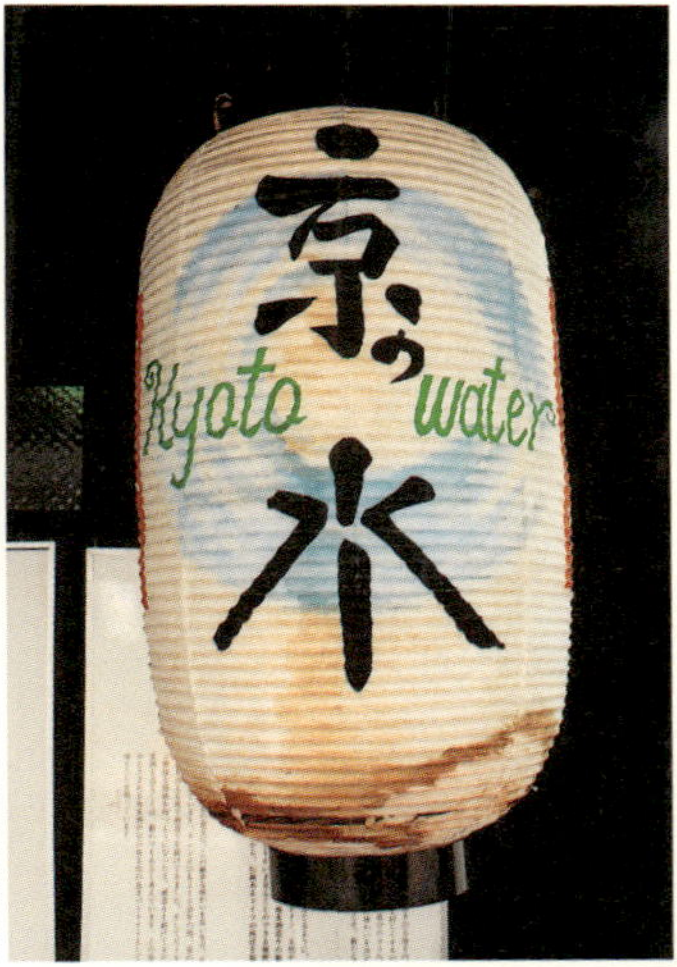

【キンシ正宗　堀野記念館】

キンシ正宗の創業者・松屋《まつや》久兵衛《きゅうべえ》が創業をはじめた地・堀野家の本宅だった建築物を「京の造り酒屋と町家文化の博物館」として公開。

酒造りに欠かすことのできない、京を代表する名水「桃の井」の湧き水や、日本酒の試飲、2階建の町家見学ができる。京都らしさを感じたいというお客さまを案内すると、喜ばれるところ。

【鶴清《つるせ》】

五条橋のたもとでひときわ目をひく、木造3階建の楼閣が、料理旅館の〈鶴清〉。築造された昭和初期当時としては、モダンな建物。

2階の広いお部屋を借り切れば、家族や友達同士、修学旅行気分で宿泊できる。

3階にある、鴨川を望める舞台つきの大広間は〝こんなところで結婚式ができたら〟と密かに夢みているところ。

【花屋旅館】

先斗町や木屋町からすぐで、高瀬川のほとりにある、築100年を超える木造の旅館。「片泊まり」と呼ばれる、朝食だけついた宿泊形式。

周りには、洋食屋[※7]〈コロナ〉、釜飯〈月村〉、喫茶店〈フランソア喫茶室〉などがあり、食事やお茶をするには事欠かない。門限は22時。夜は、読書や手紙を書いて静かに過ごしたい。

※7　閉店

一滴に満たされる

日本一のお茶の産地である静岡県に生まれ育った私は、子どもの頃、珈琲や紅茶より、日本茶を飲むことが多かった。中学校には、茶摘みの体験授業もあったほど。

大阪で大学生活を送っていたときには、ちょうどカフェブームで、珈琲や紅茶に夢中になる日々。茶葉や、お茶の美味しい淹れ方に興味を持つようになったのは、京都で暮らし始めてから。京都の喫茶店や珈琲に詳しい友人から、一保堂茶舗には〈嘉木《かぼく》〉という喫茶室があり、そこでお茶の淹れ方を教えてもらえると聞いて、すぐ自転車を走らせた。

その友人は、新旧問わず京都の知識が豊富で情報通。京都初心者の私は、彼女との会

【一保堂茶舗】

茶葉、茶器、陶器を扱う店「近江屋」として、いまから約300年前の享保年間（1717年）に創業。扱う茶葉の品質のよさで評判を得、弘化3年（1846年）に、山階宮より「茶、一つを保つように」と〈一保堂〉の屋号を賜《たまわ》る。〈一保堂〉の銘の入った急須と茶碗のセットは、いつか欲しい憧れの品。

話に出てくるお店に足を運ぶことで、京都の街に溶け込もうとし、「お店や食べ物について少しでも多く知る」ただそんなことだけで、あのときは、毎日が満たされていた。

〈嘉木〉では、煎茶を注文。緊張しながらも、店員さんから説明を受けた通り茶葉にお湯を注ぎ、三煎まで味わった。一煎ずつ違った旨《うま》み。美味しい。「お茶を淹れて飲む」ということを、こんなにも丁寧に、意識したのは初めて。覚えたことを忘れないよう、その日のうちに2回、覚えた通りに煎茶を淹れる過程をおさらいした。

一煎目の、旨みが凝縮されているという最後の一滴。その雫《しずく》を眺めながら、雫が茶碗に辿り着くまでの時間を感じながら、ちょっとだけ、ゆとりを楽しむことができる大人に近づいた気がして、嬉しかった。

京のマッチ

大阪に住んでいた頃からマッチ箱を集めていたけれど、収集の勢いが加速したのは京都に越してから。友人たちが、様々な土地でマッチをもらってきてくれたり、自分でもマッチ欲しさに京都の喫茶店や洋食屋さんをあちらこちら巡り歩いた。

ある日、アルバイトをしていた銀閣寺近くのカフェの隣にあった古道具屋さんで、ダンボール箱に入った、一箱10円で売られているマッチ箱の山を見つけた。一箱10円だから、全部買ったところで大した金額にはならないことを知りながらも、時間をかけて、可愛らしかったり面白かったり、珍しいマッチ箱だけを選びだした。

そのほとんどには、店の住所と電話番号が記載されていたので、それを頼りにその店を訪れたりしてみたけれど、素敵なマッチを作っていたお店の大半は、もう存在してはいなかった。

離れたいまでも京都を愛する私は、このマッチたちを「京都のかけら」として大切にしている。

COSEN
coffee miki
さくら
みそ
ROKUYOSHA
COFFEE SHOP BONNU
TEA HOUSE TSUKIJI
KYOTO
KYOTO UNIVERSITY
Ars. ルパン
TEL. 461 7884
フランソア
SHIJOKOBASHI NISHIZUME MINAMI KYOTO
旅館 東山ホテル
TEL 075-531-2138
EQUINE
Café
進々堂
Coffee Smart
Lunaa
TEA ROOM
まる捨
ECHIGOYA

京のマッチ（P43）

京都で集めたマッチの数々。

【今月の案内図】

一保堂茶舗〈map1-❶〉
京都市中京区寺町通二条上ル
TEL：075-211-3421
営業時間 9:00～18:00
定休日：年始

【喫茶室 嘉木】
営業時間10:00～18:00（LO17:30）
定休日：年末年始

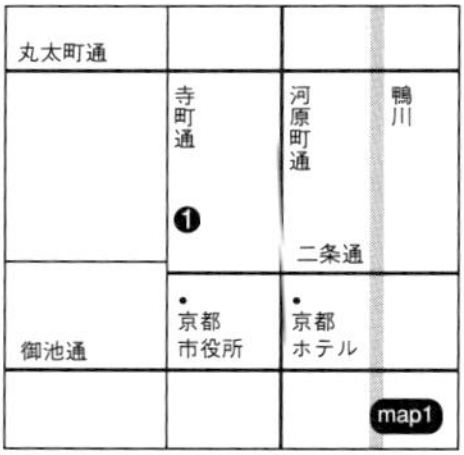

駒井家住宅
京都市左京区北白川伊織町64
TEL：03-6380-8511
（お問い合わせ・（公財）日本ナショナルトラスト）
公開：毎週金曜・土曜（10:00～16:00／入館15:00まで）

キンシ正宗　堀野記念館〈map2-❷〉
京都市中京区堺町通二条上ル亀屋町172
TEL：075-223-2072
開館時間 11:00～17:00（入館16:30まで）
休館日：年末年始
火曜（4・5・10・11月）
火水曜（1～3月・6～9月・12月）

花屋旅館〈map3-❸〉
京都市下京区西木屋町通四条下ル船頭町201
TEL：075-351-4398

鶴清〈map3-❹〉
京都市下京区木屋町五条上ル
TEL：075-351-8518

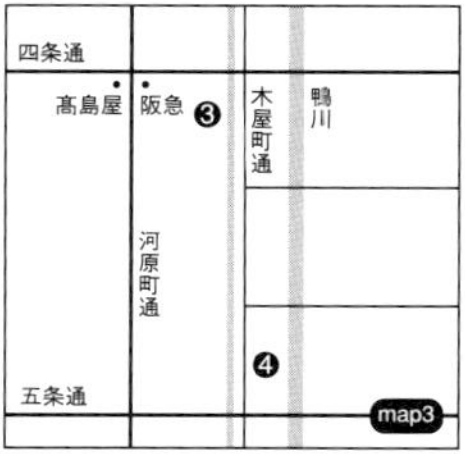

7月 夏への扉

白いコットンにバニラの香をふくませ
夏用のバスケットに沈ませる
ありったけのワンピースにアイロンをかけ
麦藁帽子を取り出して
カルピスと、バニラのアイス、冷蔵庫に詰め
「どうぞ、夏」と準備を済ませて

白いシャツに白いスカート
夏は白が眩《まぶ》しく映える
白い日傘も出番待ち

「京都の夏は暑くていけない」と
日陰を探して歩きながら
本当は心、はしゃいでる

涼を楽しむ

秋から東京で仕事をしていこうと決めた、京都暮らし最後の夏。引っ越す前に、できるだけやり残しのないようにと思い、桂離宮の見学を京都御苑にある宮内庁の京都事務所まで申し込みに行った。

桂離宮は18歳未満は参観不可で、一定の手続きを済ませてからでないと訪れることができないところ。それがまた魅力的。ふらりと立ち寄るのではなく、「桂離宮に向かう」という心構えが必要だから。

建築やデザイン、日本文化に興味のある友人を誘い、見学当日はレンタカーを借りて出発。あれやこれやと感想を口にしながらの賑やかな見学を想像するも、「わびさび」の境地に踏み入れたそれぞれは、口数少なく静か。

私は持っていた『桂離宮』（淡交社）という本の写真が、表紙と扉ページ以外すべてモノクロだったので、色つきの情景を楽しみにしていたけれど、ここでは、「美しいものに、ときに色は重要ではない」と知ったのだった。

1時間ほどで見学を終え、これからどこへ行こうかと、すぐ近くの和菓子屋〈中村軒〉喫茶室にて相談。避暑となるところがいいと、宇治・鞍馬・貴船・琵琶湖と候補が挙がる中、私がどうしてもと主張した、保津川下りに決定。嵐山で車を預け、そこからトロッコで亀岡まで。さらにバスに乗り換えて、約2時間の船旅に備え、ビールを買って乗り込む。

パンフレットの「技が光る　竿さばき」と

141

保津川下りの乗船場で、なんとも愛くるしいお菓子と目が合った。船の形をしたおせんべいの中に、着物姿の中身はおかきの子どもが寝そべっている。道中くだけないように大切に抱え、一緒に川を下った。

いう文句の通り、船頭さんが竿と舵《かじ》と櫂《かい》を操り、岩の間をすり抜けるようにみんなで歓声。「涼」という字のごとくあがる水しぶきに、暑さを忘れた。

そのうち、渓流もゆるやかになり、船は静かに進む。昼間から飲むビールと、渓谷で太陽の光をいっぱいに受け、あまりに心地よく、船の上でうとうとと30分ほど眠った。目が覚め、周囲を見回すと、友人たちもぼんやりと空を眺めたり、ノートに景色をスケッチしたり、思い思いに過ごしている。

途中、船頭さんの冗談まじりの案内や、岩山の上から販売用写真の記念撮影、ビールやおでんを売る屋台船が近づいてきて、船から船へ買い物するといった小さなイベントも随所にあり。嵐山の着船場に到着したときには、「また来ますね」と、汗びっしょりになって

床とは、5月から9月までの間、二条から五条まで鴨川沿いの飲食店が設ける、川に向かって張り出す木組みの席。川の上のバルコニーのようなもの。京の夏の風物詩。

船を漕いでくれた船頭さんと固い握手を交わす。

「これぞ文化系なりのアウトドアね」と満足気に感想を語らいながら、京都の地元・左京区に帰る。ささやかではあるけれど、大人になったからこそ楽しい「京都遊び」を経験した、忘れられない1日。

もうひとつ、京都を離れる前にと足を運んだのが「川床」。コース料理が主流の中、単品料理が注文できる〈東華菜館《とうかさいかん》〉の床で、日も暮れかけた夕方に、小さな送別会を催してもらった。

この夏も涼を求め、〈豆水楼《とうすいろう》〉の川床へ夕食を食べに出かけた。冷たいお豆腐は口の中でふわりと溶けて、ヨーグルトみたい。河原からあがる小さな花火と、月と星が浮かぶ空の下〝大人でよかった〟と思う。

涼菓を愛でる

カルピスにソーダ、冷たい麦茶、
グラスと氷がぶつかって
カランカランと音をたてる。
目にして涼しいお菓子を広げ
過ごす大人の夏時間。
夏の京都のお菓子界は
クリスマスより色とりどり。

「老松《おいまつ》」夏柑糖

夏のある日。家で寝そべっていたらチャイムが鳴り、老松と刺繍が入った白衣を着た方に「○○様からお届けを賜りました」と手渡された夏柑糖。姿勢が正され、暑さも忘れた思い出のお菓子。(4～7月の限定商品)

「松彌《まつや》」金魚の生菓子

寒天の中を泳ぐ羊羹の金魚は、“目に映る景色がお菓子に変わったらいいのに”と思った幼少期の願望のよう。花火・うちわ・風鈴など、夏の松彌のショーケースは、綺麗で涼しいお菓子が並ぶ。(夏期限定商品)

「末富《すえとみ》」七夕の麩焼きせんべい

七夕の夜、心で願いごとをつぶやきながらいただきたい「星と短冊」「天の川」が描かれた2枚の麩焼きせんべい。水色の包み紙、金色の菓子箱と、包装までも乙女心をくすぐるのが、末富の技。(6月末～七夕までの限定商品)

「本家西尾」ラムネ・ももあんなま

京都名物の八ツ橋は、西尾が発祥のお店。あんこに、いちご、チョコバナナ、抹茶などが練り込まれた多種ある生八ツ橋の中でも、夏期限定のラムネ味が一番好き。ソーダ水によく合う優しい甘味。(夏期限定商品) ※仕様に変更あり

「植村義次《うえむらよしつぐ》」七夕の押物

植村義次は、粉状にした大豆に水飴などを加えてできる生地、すはまの老舗。落雁地にすはまで季節の模様を描いたものを押物という。目と舌で、日本らしい自然を感じ味わうことのできる上品なお菓子。（季節限定商品）

「俵屋吉富《たわらやよしとみ》」七夕祭

子どもの頃、雛祭りを「女の子の日」と喜んでいたけれど、大人になってからは七夕の夜にロマンチックなものを感じる。星とハートと金平糖は、恋する乙女からこぼれ落ちた、心のカケラみたい。（6月21日頃〜7月7日頃の限定商品）※内容に変更あり

「植村義次」朝顔の押物

夏のお菓子を眺めたり口にするときはいつも、夏休みの緩やかで平穏な時間を思い出す。植物観察が苦手で、朝顔のスケッチを手伝ってもらったあの日のお礼にと、母に贈った朝顔の押物。（季節限定商品）

「俵屋吉富」祇園囃子

7月中行事や祭儀が続く祇園祭りは、八坂神社の祭礼。街に、「チンチン」とお囃子の音が響き出すと、京都の人は自宅の冷凍庫で氷を作り、これから始まる暑さに備えると聞き、実行したっけ。（7月1〜24日の限定商品）※内容に変更あり

「塩芳軒《しおよしけん》」有平糖

有平糖とは、砂糖を煮詰め棒状にしてから、様々な形に細工した、ガラスのように繊細な飴菓子。水の流れを象ったいくつかの有平糖を、ガラスの器にのせて、夏の間冷蔵庫の中に飾っている。（季節限定商品）

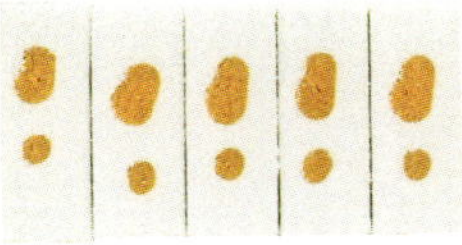

「亀屋良永《かめやよしなが》」夏の雲

「御池煎餅」で知られる亀屋良永に、「大原路」という、季節ごとに色を変える干菓子がある。木村衣有子著『京都のこころA to Z』で、その色合わせについての話を読み、更なる趣を知った一品。（夏期限定商品）

恋しい着物、和装の心

大正生まれの祖母は80年余り、着物で生活していた。それが最近転んで怪我をして以来、危ないからと余儀なくされた、洋服暮らし。切なく淋し気な表情で「おばあちゃん、着物が恋しい」そんな言葉を投げかけられたとき、胸をうたれた。祖母にとって着物は、日常で、自然で、何より心地のよい服装。そんな着物から離れなければいけなくなって、つらかったろう。

おばあちゃん子の私は、祖母が身につけていた着物の、手触りや匂いや存在感が好きだった。着物を慈しむ祖母

【京呉館】金子國義、アニャンなどがデザインした、斬新でモダンな着物を扱う。石畳の道、石塀小路にある、一軒の町家がショールーム。写真左より、アニャンデザインの着物「クローバー」「マリン」「オボロツキ」。うちわに描かれた鳥の絵は、山本祐布子画。（すべて取扱終了）

の気持ちを、着物という日本の文化を、尊んでいこう。

〈京呉館 石塀小路店〉で開催された、「暮らしのワルツ展」という展覧会に参加したことがある。少女画家で、着物デザイナーでもあるアニャンさんの絵に、私が詩をつけることになった。それからのおつきあいで、京都に行くと石塀小路のショールームへときどきお邪魔し、アニャンさんの着物「ハマベノワルツ」シリーズを見せてもらう。「身にまとった人が、美しさ、優しさ、可憐さの三拍子で、その人自身を奏でるように」というアニャンさんが着物に込めた願いを思い出すたび「姿は洋服でも心は和装」でいようと、姿勢を正している。

京都で食する

お取り寄せ可能な食べ物が増え、その場所に行かずして各地のものを食することができるようになったからこそ、お取り寄せ不可、作りたてをその場でいただくことを貴重に感じる。仕事や旅行で上洛が決まると、京都で味わう醍醐味のために、どこの何を食べようか、あれこれ吟味を重ねる。

上賀茂神社前にある、〈神馬堂《じんばどう》〉のやきもちに2戦2敗してからは、食べ物に臨む心構えを覚えた。

噂に聞いたやきもちを、なんとなく〝食べてみたい〟と思い、まだ閉店時刻前だと安心して夕方に足を運んだところ、品物はとっくに売り切れてしまったそうで、肩を落として帰った。それならばと、次は余裕をもってお昼に訪れると、午前の分はやっぱり売り切れ。午後の分ができるまでにはまだ時間がかかるそうで、次の約束があったその日も、泣く泣く店をあとにした。

3回目は、朝の早い時刻からやきもち目指してまっしぐら。やっと口にした美味しさといったらなかった。

神社
北野
天まぶし

京都で食する（P55）

左上から反時計回りに／〈澤屋〉粟餅。〈六盛〉天まぶし弁当（内容に変更あり）。〈麩嘉〉麩まんじゅう。〈錦味〉ひさご弁当（閉店）。〈神馬堂〉やきもち。

【今月の案内図】

東華菜館
京都市下京区四条大橋西詰
TEL：075-221-1147
営業時間 11:30 ～ 21:30（LO21:00）
定休日：無休

豆水楼 木屋町本店
京都市中京区木屋町通三条上ル上大阪町517-3
TEL：075-251-1600
営業時間 11:30 ～ 14:00
17:00 ～ 22:00（LO21:00）
日祝 11:45 ～ 15:30（LO14:30）
17:00 ～ 21:30（LO20:30）
定休日：不定休

京呉館 石塀小路店〈map1-❶〉
京都市東山区下河原
八坂鳥居前下ル下河原町463-8
TEL：075-533-6688
営業時間 11:00 ～ 19:00
定休日：水曜

桂離宮〈map2-❷〉
京都市西京区桂御園
TEL：075-211-1215（お問い合わせ）

☆保津川の乗船場
京都駅からJR嵯峨野線（快速で約12分）に乗り、嵯峨嵐山駅下車。トロッコに乗り換え（約20分）、終点亀岡トロッコ駅下車。バスで15分ほど行くと、保津川下り乗船場に到着。

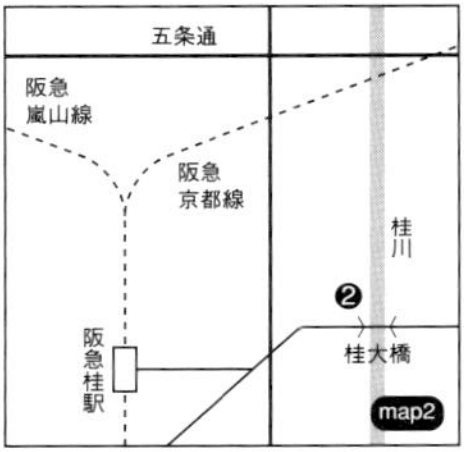

8月　京都読書紀行

寝ても醒めても本が好き。
どっさり買った本つみあげ、ならべて
本のベッドをつくりましょう。
まるで、紙と文字でできた箱舟。
体を横たえ、目をつむる。
夏風に、揺られているような
海の底を、流れるような
本の中に、吸い込まれていくような心地。
眠りながら、夢をみる。
旅、恋愛、なんでもできる。
詩集の中の言葉がこぼれおちてきて
どの夢もちょっと、ロマンチック。

御勘定場
岡山合同
文藝堂書店
松林堂書店
古書まや

下鴨納涼古本まつり

京都で迎えた初めての夏、暑さに負け、昼間していた絵本の出版の仕事と、夜の祇園の料亭でのアルバイトを休み、数日間外出できず、家で過ごした。体力がなかったというのもさることながら、定まった目標を見出せていなかったあの頃の私は、いまの何倍も精神的な弱さがあったのだと思う。

そろそろ夏バテから体力も回復してきた朝、友人が家まで迎えにきてくれた。「古本市に行こう。すぐそこだから」と。家から徒歩3分。下鴨神社の糺《ただす》の森の中で、毎年8月11日～16日に行われる、野外での古本市。しばらく外の空気を吸っていなかった私に、夏の光と大好きな本の行列はまぶしくて、久しぶりに無邪気なときめきを覚えた。

近畿圏40店あまりの古本屋の露店である白いテントの列は、ゆうに50メートルを超えている。端から端までくまなく見て回るには1日では足りず、6日間ある市の間、毎日通っても必ず掘り出しものが見つかる。学生時代に古本屋でアルバイトをし、関西の古本屋巡りが趣味だった私は、期間中できるだけ足を運び、古本に触れる喜びを感じた。

その日、サンリオが発行していた少女雑誌『リリカ』の76年の創刊号を見つけて奮発した以外は、1冊100円の本や『暮しの手帖』、絵本、気に入った装丁の本などを、50冊は買ったように思う。

ひとりで思う存分、本を見て回ったあと、汗びっしょりで友人との待ち合わせ場所の休

憩所に向かうと、本好きの知人が集まっていた。ビールを飲みながら、戦利品を見せあっている。

　私も、手に入れたばかりの本を得意気に袋から出しながら、ふと〝もう大丈夫〟そう思った。体も心も「私は弱いから」と言い訳をし、甘えていた自分に、これではいけないと気がついたその瞬間、新たな始まりを感じた。

　弱くて泣き虫だった私はきっと、神様が住む糺の森と本と「好きなものを買う」力に救われたのだと思う。決して大袈裟《おおげさ》なことでなく、あの夏の古本市から、考え方や生きる道が確かに変わった。

　いまではすっかり強くなってしまった私は、あのときの弱さと、山のように買った本と、下鴨の地が懐かしい。

古本市のついでに

京都の古本好きの間には、「古本市では通り雨に降られる」というジンクスがある。古本市で雨に降られたときの雨やどりや、暑さと本選びに疲れたら、下鴨神社から歩いて行ける、甘味屋などでひと休み。

加茂みたらし茶屋「加茂みたらし団子」

「平安朝の昔より、下鴨神社糺の森のみたらし池に湧き出す水玉を形取りて作り上げた」のが由来という、みたらし団子の発祥であるお茶屋さん。団子５玉は人の「五体」を表す。下鴨神社に来たついでには、必ず立ち寄りたい。

美玉屋「黒みつだんご」

モチモチとしただんごに黒蜜がかけられ、さらにきなこがまぶしてある。まるで、わらび餅のような食感。夕方には売り切れていることもしばしばあるので、早い時間に訪れたい。

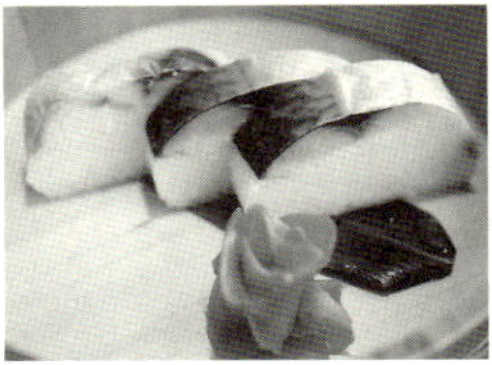

花折「鯖寿し」

それぞれの家庭が祭りの際、酢でしめた鯖、酢飯、白板昆布を竹の皮で包み、一晩寝かせたのが京都の町衆のご馳走・鯖寿司の始まり。若狭より続く鯖街道の終着地にある〈花折〉では、店内で鯖寿しを味わうことができる。

京の本屋さん

「一日一書店」、本屋へ行くことは、京都での生活習慣のひとつ。毎日お気に入りの店をのぞき、待ち合わせ場所にもしていた。

いちばんよく通ったのが〈恵文社一乗寺店〉。情報発信や収集、人間関係や親交は、恵文社が軸になっていたといっても過言ではない。選ばれた本や雑貨、流れる空気がいい。私のブランド「Loule《ロル》」の商品も長い間置いていただいている。新しさと懐かしさ、女心と童心を覚える、いまでも日本一好きな本屋さん。

マンションの一室にある〈アスタルテ書房〉は、まるで澁澤龍彥や金子國義の書斎に訪れた心地のする、幻想文学や美術書が並ぶ古書店。靴を脱ぎ、スリッパにはきかえて入るスタイ

ルに、店主の美意識を感じる。本の他に、アンティークのカードなど、よく買っていた。
〝本好き〟として、最も心を打たれたのが、〈三月書房〉。大阪の大学に入学して間もない頃、京都にいい本屋があると噂を聞いて、〈三月書房〉へ行くためだけに、京都まで足を運んだことがある。古本屋ではないのに、こんなにも本が息をしている場面を初めて見た。気がつけば2時間ほど時間が経ち、林静一の画集と鈴《すず》木《き》翁《おう》二《じ》の漫画を買って帰った。その後、『ｓｕｍｕｓ』という冊子で読んだ店主の語りが面白く、パイプをくわえ店番をするおじいさまに、勝手ながら愛情を感じている。
この他にも、百万遍にある絵本専門店〈きりん館〉[※8]や、祇園の〈祇園書房〉[※9]にも、よく通った。そこにも、いくつもの思い出が存在している。

※8・9　閉店

本棚の中の京都

私の部屋の本棚には、京都にまつわる本がぎっしりつめこまれた一画がある。雑誌の京都特集、随筆、お店や雑貨の案内本。新刊でも古本でも「京都」の文字を見つけると、ついつい買ってしまう。そうして集まった本の中からほんの数冊を抜き取って、ご紹介。

『紅匂ふ』１～2巻　大和和紀
（講談社）

『はいからさんが通る』の作者が、100年に一人の逸材の舞妓と呼ばれた岩崎峰子の『芸妓峰子の花いくさ ほんまの恋はいっぺんどす』を原作に、祇園の人間模様を描いた漫画。祇園言葉やしきたりの参考書としても面白い。

『そうだ 京都、行こう。』
淡交社編集局編（淡交社）

かの有名な、JR東海の京都キャンペーン広告コピーとポスター写真を、10年分収録。この本、私の本棚の中で、「京都」ではなく、「詩集」に分類しているほど、コピーライター・太田恵美の言葉に、強く心を動かされる。

『MIYAKO』
写像工房編（京都文化振興機構）

海外からの観光客にも「チェリーダンス」と呼ばれ人気の「都をどり」。会場で、ひときわ目を惹いたレコード大の冊子。中身は、都をどりの古今の写真や図版をモチーフに創作された、英訳つきのコラージュブック。

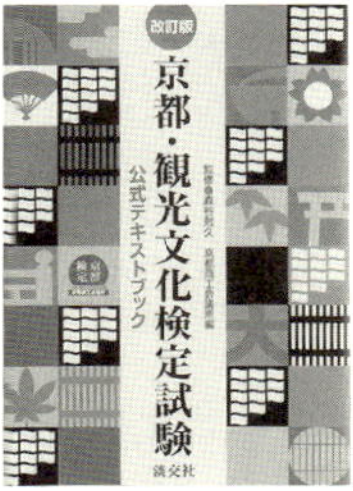

『京都・観光文化検定試験 』
京都商工会議所編（淡交社）

「京都の文化、歴史の継承と観光の振興、人材育成に寄与する」目的で、京都商工会議所が実施を始めた、通称「京都検定」の参考書。京都への愛をより深めるために、いま一番役立てている本。級の取得を目指し、日夜勉強中。

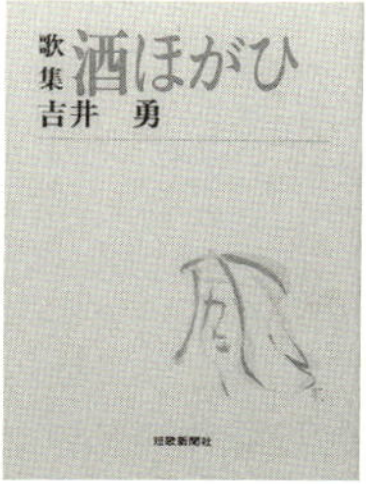

『歌集 酒ほがひ』吉井勇
（短歌新聞社）

祇園を愛した歌人・吉井勇の歌集。「祇園冊子」の章には、祇園界隈をパリのモンマルトルに重ね合わせた歌や、舞妓・芸妓、自らへの想いを連ねている。

『古都ひとり』岡部伊都子
（新潮社）

奈良や京都へ赴き、そこで得た思い出や感情が、著者の日々の暮らしと交互で語られている。京都旅に持ち歩き、ホテルや喫茶店で読んでは深く共感。ふとした瞬間、京都を思い出す、私の気持ちに似ている本。

『太陽　特集 祇園』
（平凡社）

川口松太郎が、吉井勇について書いた「ぎをん白川」が掲載されている。この小説に添えられた、岩田専太郎の舞妓画が好き。「祇園芸妓色競べ」という芸妓のグラビアページでは、若き日の岩崎峰子が。

I LOVE KYOTO
京にまつわる愛くるしいものたち

京都では、シンプルで美しい形やデザインに多く出合える。そんな中、外国人観光客や修学旅行生に向けられた「なんだかちょっと可笑《おか》しいもの」も、同じくらい街角で見かける。たいていどれも、「私は京都です」とものがへんに主張しているから、こちらも負けん気を出して見向きもしないふりをする。

けれど、猫好きが生意気な猫を憎みきれないように、雑貨と京都が好きな私は、結局そのへんてこりんたちの存在感に負け、たびたび自宅に連れ帰ってきてしまう。

京都暮らしの中でもっとも可愛がっていた「愛嬌あるもの」は、京都銀行のノベルティー。引き出したお金を入れる封筒や、契約をするといただくことができるティッシュペーパーやタオルには「I LOVE KYOTO」というデザインが。京都信用金庫の封筒には、スーパーマリオが描かれていたけれど、任天堂本社が京都にあることと関係しているのかしら？　マリオの封筒は、残念ながらいまでは姿を消してしまったらしい。

四条河原町
祇園
Gion
203
KYOTO
宅急便
京都BOX
I Love Kyoto
ペリカン便
京都
KYOTO
I Love Kyoto
京都銀行

I LOVE KYOTO（P67）

左上から反時計回りに／京都市バスストラップ。〈祇園甲部歌舞練場〉で買った舞妓ハンカチ。〈さくら井屋〉で買った金のライターケース（閉店）。〈京都銀行〉ノベルティーポケットティッシュ。〈ヤマト運輸〉と〈ペリカン便〉の京都限定ダンボール箱。〈京都銀行〉ノベルティータオル。　※すべて私物のため取扱終了している可能性があります。

【今月の案内図】

花折 京都本店〈map-❶〉
京都市左京区下鴨宮崎町121
TEL：075-712-5245
営業時間 9:00 〜 18:00
定休日：元日

加茂みたらし茶屋〈map-❷〉
京都市左京区下鴨松ノ木町53
TEL：075-791-1652
営業時間 9:30 〜 19:00（LO18:00）
定休日：水曜（祝日の場合は営業）

美玉屋〈map-❸〉
京都市左京区下鴨高木町西
TEL：075-721-8740
営業時間 9:30 〜 19:00
定休日：火曜

恵文社一乗寺店
京都市左京区一乗寺払殿町10
TEL：075-711-5919
営業時間 10:00 〜 21:00
定休日：元日

アスタルテ書房
京都市中京区御幸町通三条上ル東側
ジュエリーハイツ202
TEL：075-221-3330
営業時間 14:30 〜 19:30
定休日：木曜

三月書房
京都市中京区寺町通二条上ル西側
TEL：075-231-1924
営業時間 11:00 〜 19:00
（日祝は12:00 〜 18:00）
定休日：火曜（祝日の場合は営業）

9月 憧れ、誕生月の花嫁

包丁、茶筒、香炉につげ櫛、ワンピース。
お茶碗、湯のみ、お箸に灰皿。
眠るときに着る浴衣と帯。

宝物入れにするための、
綺麗なお菓子の缶や箱。

いつかお嫁にいく日には
京都で買った、道具と一緒。

9月生まれの私は「ジューンブライド」よりも、「9月の花嫁」に憧れている。自分の生まれ月にお嫁にいくことを理想としている女性は、多いのではないかしら。

新婚旅行は海外よりも、国内がいい。半月ほどかけて、〈日光金谷ホテル〉や箱根の〈富士屋ホテル〉などクラシックホテルを巡る旅。もしくは〈俵屋〉〈柊家〉〈炭屋〉と、憧れの京都の旅館をはしごしてみたい。〈イノダコーヒ本店〉で、いつもの〝京の朝食〟セットをいただきながら、空想に耽《ふけ》る。「誕生日のプレゼントはなにがいい？」と聞く恋人に、「京都がいい」と答え、連れてきてもらった週末旅行。

昨晩は〈ホテルフジタ京都〉※10の鴨川に面した和室に宿泊。お持ち帰りした〈瓢正《ひょうまさ》〉の笹巻ずしを肴《さかな》に、ルームサービスの〝満つる月〟

※10　閉館。2014年、跡地にザ・リッツ・カールトン京都が開業

という銘柄の冷酒でほろ酔いしつつも、「京都の朝はイノダでないと始まらないの」と、頑張って目をさまし、彼も一緒に連れ出す。

　近頃の私は、旅してみたい贅沢な場所があれば、新婚旅行に結びつけ、ひとり暮らしに必要のない高価な品物を購入するときには、嫁入り道具にするからと、可愛げを込めた言い訳をしている。特別な理由のある旅や買い物は、素敵だと思うから。

　昨日も、古美術〈尾杉商店〉のショーウィンドーに飾られている、何年来か手にしたいと見つめ続けてきた兎の香炉を購入するのに、彼には「自分への誕生日プレゼント」と言いながら、心の中では〝新婚生活、玄関に飾る嫁入り道具〟のつもりで奮発したばかり。

「今日こそ、〈ヤサカタクシー〉の四つ葉のクローバーを見つけたい」とはりきる彼は、ま

だ少年の顔。いま、私が夢みていることなんて、きっと思いもしていない。
昨日は〈河井寛次郎記念館〉に行くことから始まった。私が集めていた寛次郎の陶芸の作品集や、著書『火の誓ひ』を読んだ彼が、訪れてみたいと切望していたところ。寛次郎自身が建築を手がけ、家具までもデザインをし、そこで暮らし、作品を制作していた、寛次郎の息づかいが聞こえてくるような旧宅。
私は2階の居間や書斎で、彼は登り窯や中庭で、時間を忘れ、それぞれの時間を過ごした。一日中この場所に身をおいていたいという気持ちから後ろ髪を引かれつつも、正午近く、記念館をあとにする。
「そろそろ、おなかがすいてきたね」と、次の目的地に向かう五条から七条までの道々、頰を赤らめながら、理想の住まいや暮らしに

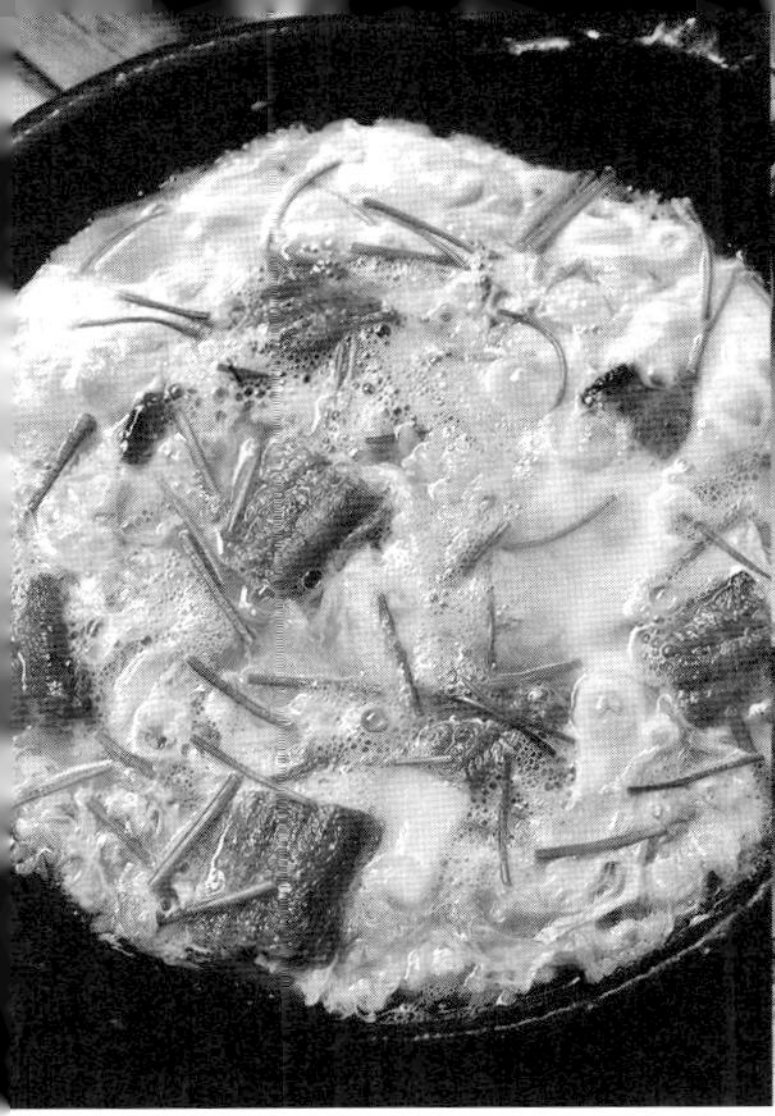

ついて語る彼の姿に〝男性にも憧れってあるのね〟と、愛おしく感じた。

お昼はうぞうすいが名物の〈わらじや〉で。大学で文芸を専攻していた私は、梶井基次郎の『檸檬《れもん》』をきっかけに、文学の中に登場する京都の食やお店に興味を持ち、谷崎潤一郎にゆかりのあるその料理屋のこともずっと気にかけていた。

お品書きは、鰻料理のコースのみ。料理が始まる前に、〈わらじや〉と銘の入った、わらじの形の干菓子が添えられた抹茶が運ばれ、粋なサービスを感じる。先付のあとに、吸物、雑炊と続き、どちらも好みで加える山椒がよく合う、あっさりとしたお味。

食事のあと、三十三間堂と〈七條甘春堂《しちじょうかんしゅんどう》〉に立ち寄ってから、四条へ移動。もうひとつ、彼が望んでいたのが、京都暮らしをしていた

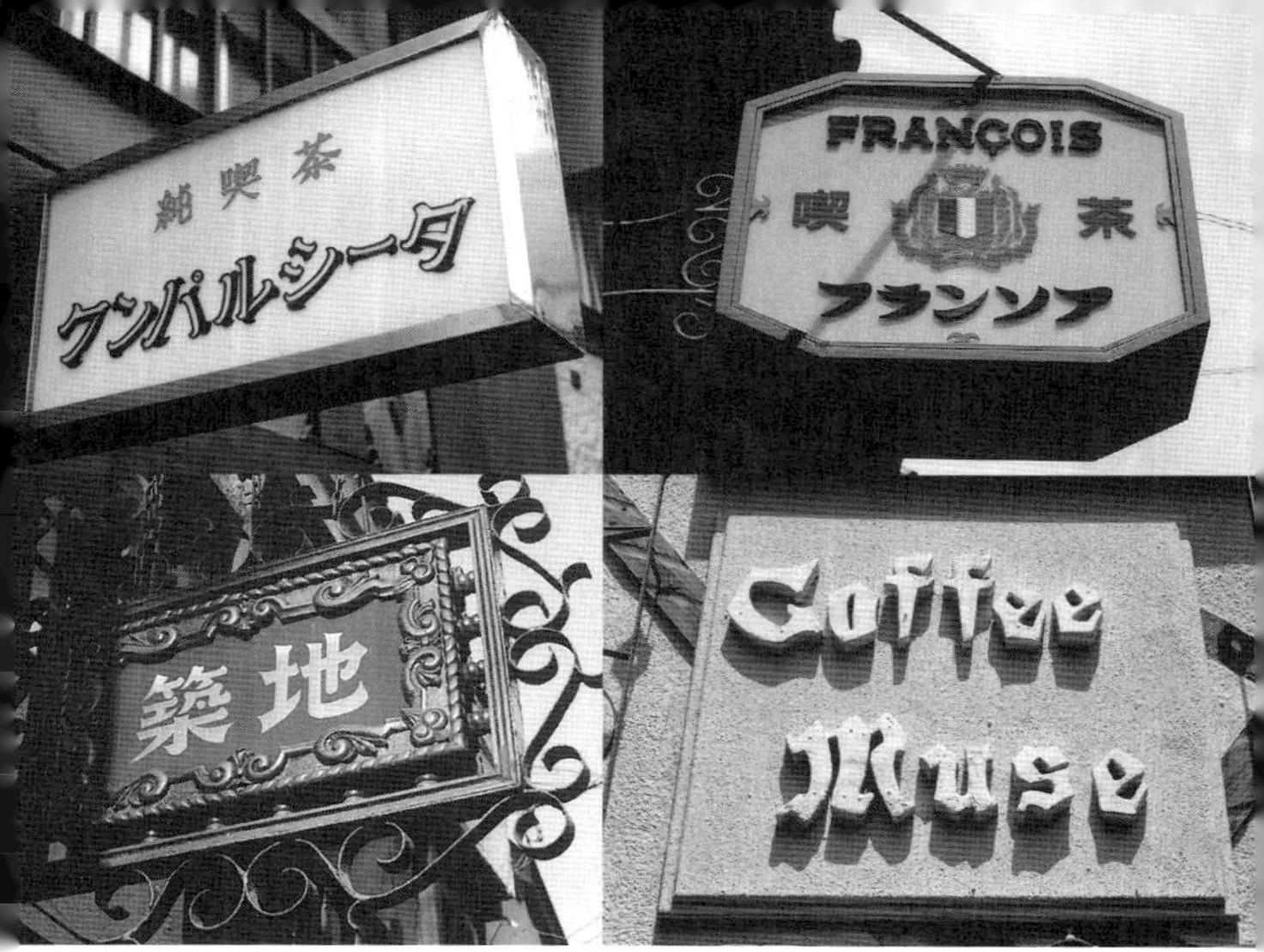

私による、京都のスタンダードな喫茶店案内。「ひとりで京都に来たとき、役立つように」と。

1日に何杯も珈琲は飲めないので、中に入らず、各店の看板を記念に撮影。〈フランソア喫茶室〉〈みゅーず〉[※11]〈クンパルシータ〉[※12]〈築地〉〈六曜社〉〈スマート〉と、途中、例の香炉を買ったりしながら順番に歩いて廻り、その後ホテルにチェックイン。

夕食は丸太町の〈八起庵《はちきあん》〉で、誕生祝いに水炊きのコース。締めの卵がけごはんは絶品。ふたり京都で過ごす時間は、高価な宝石よりも素晴らしい、彼からの誕生日の贈りもの。

昼夜と、贅沢三昧に食した翌日の今日。イノダでゆっくり朝食を済ませてから、はとみくじをひくために、六角堂へ。おみくじには、「縁談、思わず早く調《ととの》ふ」ですって。そうなったらいいいと、静かに願う。

※11・12　閉店

昼食は〈晦庵《みそかあん》　河道屋《かわみちや》〉で。来るたびに、〝芳香炉〟という、この店独特の鍋を食べてみたいと思うけれど、今日もそれは先延ばしにして、ざるそばをいただく。

午後は、新幹線の時間まで買い物三昧。三昧とはいえ、半分は見るだけの贅沢。〈有次《ありつぐ》〉〈市原平兵衛商店〉〈開化堂〉を、〝嫁入り道具の下見〟と、言い聞かせ、憧れのまなざしを品々に送る。

帰り際、タクシー乗り場の前で、「やっぱり、四つ葉のクローバーを見つけられなかった」と残念そうな面持ちの彼に「簡単に見つかってしまったら、案外淋しいってこともあるわよ」と言葉をかける。またいつか、彼と京都を訪れたとき、一緒に「四つ葉のクローバー探し」をしたいから、本当は私、乗ったことがあるってこと、内緒にしておいた。

9月買い物帖

9月の物語に登場する、買った品々を並べてみました。旅のあとにはいつも、こんなふうに持ち帰ってきたもの全部を机の上に出し、眺めては、悦に入った時間を過ごすのです。

〈尾杉商店〉兎の香炉

御幸町三条を下がったところにある〈尾杉商店〉は、陶器や李朝工芸品などを多く扱う骨董屋。兎の香炉は、職人さんの手作業で作られているため、描かれた模様はどれも微妙に違っている。（取扱終了）

〈イノダコーヒ〉カップセット

植草甚一のエッセイにもたびたび登場する、1940年創業の老舗の喫茶店。恋人と過ごすなら、ギンガムチェックのテーブルクロスが可愛らしい別館へ。

〈河井寛次郎記念館〉色紙

浜田庄司とともに、民藝運動の中心的役割を果たした河井寛次郎は、陶芸作品だけでなく、『火の誓ひ』など多くの名著を残している。

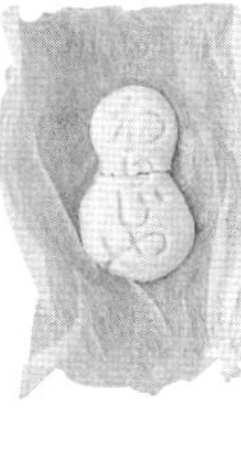

〈わらじや〉干菓子

谷崎潤一郎の『陰翳礼讃』に登場する、創業から400年を数える老舗の料理屋。店名は、豊臣秀吉がこの地で休憩してわらじを脱いだ故事が由来。品書きは、鰻料理のコースのみ。

〈開化堂〉茶筒と茶匙《ちゃさじ》

明治8年創業、日本一古い老舗の茶筒は、毎日使用して起こる手擦れによって、銅の風合いが変化し、年月を重ねるごとに深い味わいと、心地よい手触りになる一生もの。茶匙には名前を入れてもらえる。

〈ホテルフジタ京都 ※閉館〉
清酒「満つる月」と浴衣

二条大橋鴨川のほとり、旧藤田男爵邸跡に建つ御所亘がマークのホテル。鴨川に面したお部屋から、東山、比叡山、大文字山が望める。千鳥模様の袖壁がある和室がおすすめ。

〈七條甘春堂〉煎茶器

「この器はお菓子で出来ております」という注意書きがなければ、本物の器と思い込む出来映え。日本茶を入れ、湯のみとしても使用可能。器の中には、お茶うけの干菓子入り。

〈ヤサカタクシー〉
四つ葉のクローバーシール

みつばマークの行灯をつけた〈ヤサカタクシー〉は、京都で数台だけ、四つ葉マークの車両が走っている。それに乗ると記念に、「幸せの四つ葉のクローバーシール」をいただくことができ、願いごとが叶うと言われている。

可愛いお守り、可愛いおみくじ

京都には、愛嬌ある姿をしたお守り・おみくじがたくさんあるから、信仰の有無とは遠いところで、いつのまにか机の引き出しの中には、小さな神様が集まってしまった。特に気に入っているのが、「マッチみくじ」と、「猫守り」。

「マッチみくじ」は、友人から京都にそんなものがあるらしいと聞き、2年かけて見つけ出したもの。「猫守り」は、書店で立ち読みしていた雑誌で知り、愛猫のためにと、すぐその足で買いに走った。

神様は、信じなかったり、信じたり。運や間の悪い出来事が起これば「神様はいないのね」と悲観的になり、わらにもすがる思いのときには「どうか神様」と一心に祈る。おみくじも同じ。大吉を引けば喜んで受け止め、凶が出たら、なかったことにする。だけど、不確かな存在の神様に「可愛い」が加わった途端、信じる気持ちが確かなものになるから不思議。可愛いって、女の子にとって、神様に匹敵する言葉のよう。

ピタリと当たる
おみくじ燐寸《マッチ》
京・熊野神社御守護
火難除け

可愛いお守り、可愛いおみくじ（P79）

右上から反時計回りに／〈熊野若王子神社〉マッチみくじ。〈稔念寺〉猫守り。〈熊野神社〉矢田鴉火難守り（取扱終了）。〈六角堂〉はとみくじ（仕様に変更あり）。

【今月の案内図】

河井寛次郎記念館〈map1-❶〉
京都市東山区五条坂鐘鋳町569
TEL：075-561-3585
開館時間 10:00 ～ 17:00（受付は16:30まで）
休館日：月曜（祝日の場合は開館、翌日休館）
夏期・冬期休暇あり

わらじや〈map1-❷〉
京都市東山区七条通
本町東入ル西之門町555
TEL：075-561-1290
営業時間 11:30 ～ 14:00
16:00 ～ 20:00（LO19:00）
土日祝は通し営業
定休日：火曜

尾杉商店
京都市中京区御幸町通三条下ル海老屋町315
TEL：075-231-7554

イノダコーヒ本店〈map2-❸〉
京都市中京区堺町通三条下ル道祐町140
TEL：075-221-0507
営業時間 7:00 ～ 19:00
定休日：無休

有次
京都市中京区錦小路通
御幸町西入ル鍛冶屋町219
TEL：075-221-1091
営業時間 9:00 ～ 17:30
定休日：無休

市原平兵衞商店
京都市下京区堺町通四条下ル東側
TEL：075-341-3831
営業時間 10:00 ～ 18:30
（日祝は11:00 ～ 18:00）
定休日：不定休

開化堂
京都市下京区河原町六条東入
TEL：075-351-5788
営業時間 9:00 ～ 18:00
定休日：日曜・祝日

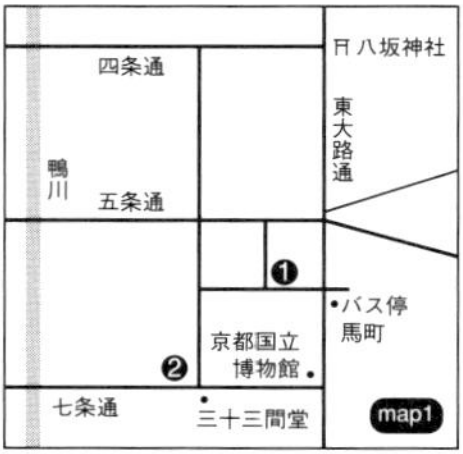

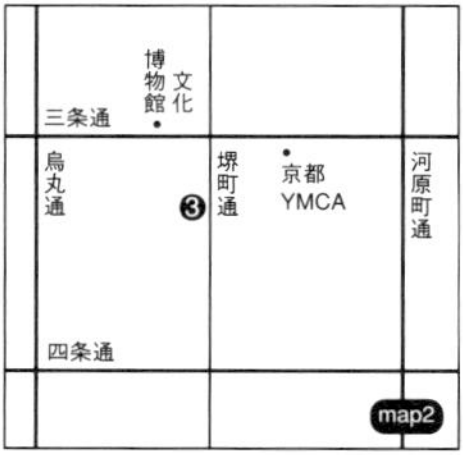

10月

恋人写真

どんなに写真が上手な人も
恋というフィルターにはかなわない。

恋する彼が
恋する彼女をカメラの中におさめたとき
恋し、恋されている女の子は
この世で一番可愛く写る。

【水路閣〜インクライン】

「琵琶湖疎水」の一部として作られた傾斜鉄道（インクライン)。南禅寺に隣接する、煉瓦造りのアーチ・水路閣からインクラインの終点で、線路跡がある蹴上《けあげ》までは物語ある写真を撮ることができる、恋人たちには恰好の撮影場所。

おすすめ撮影スポット

【京都市動物園】

明治36年、大正天皇の御成婚記念に造られ、国内では上野動物園につぐ歴史を持つ。約※13１４０種類の動物の他、観覧車や子ども汽車など、懐かしく、彩りが可愛らしい遊戯施設も楽しみのひとつ。童心に帰り、ソフトクリームをほおばりながら、無邪気にはしゃぐ恋人をパチリとどうぞ。

※13　2015年にリニューアルし、施設に一部変更があります

恋人写真

親しい友人である恋人同士のふたりが、大阪から京都の私の家に泊まりがけで遊びに来たときのこと。

ふたりが日中楽しんだ京都観光の話題になり、デジタルカメラで撮った写真を見せてもらった。彼女は普段からお化粧や洋服の着こなしに気を配る女らしさがあり、彼氏も昔の映画俳優のように、渋い面持ち。

けれど、彼が彼女を撮り、彼女が彼を撮った写真どちらともが、そのとき私の目の前にあった顔と違って、特別なフィルターをかけたようにキラキラと眩しかった。

特に、インクラインの水路閣での写真。煉瓦のアーチの柱から、彼女が顔だけをのぞかせている写真には、荒木経惟《のぶよし》氏が新婚旅行中、妻の陽子さんを撮った写真が収められた写真集『センチメンタルな旅』を見たときと似た感覚を覚えたほど。

彼らは4~5年つきあっていて、それまでふたりがどんなふうに互いを見つめあっているのか考えたこともなかったけれど、恋人同士のふたりに向かって「恋しているのね」と、いまさらながらの言葉をかけた。

そういえばときどき、女友達が見せてくれる旅行や日常の写真には、日頃女同士では見ることのないような、なんともいえない可愛らしい表情のものがあるけれど、それは恋というフィルターにかけられた恋人写真というものだったのねと、謎がとけた気がした。

「未来の旦那様、新婚旅行にはカメラを忘れないでね」そんな思いを抱え、眠りについた。

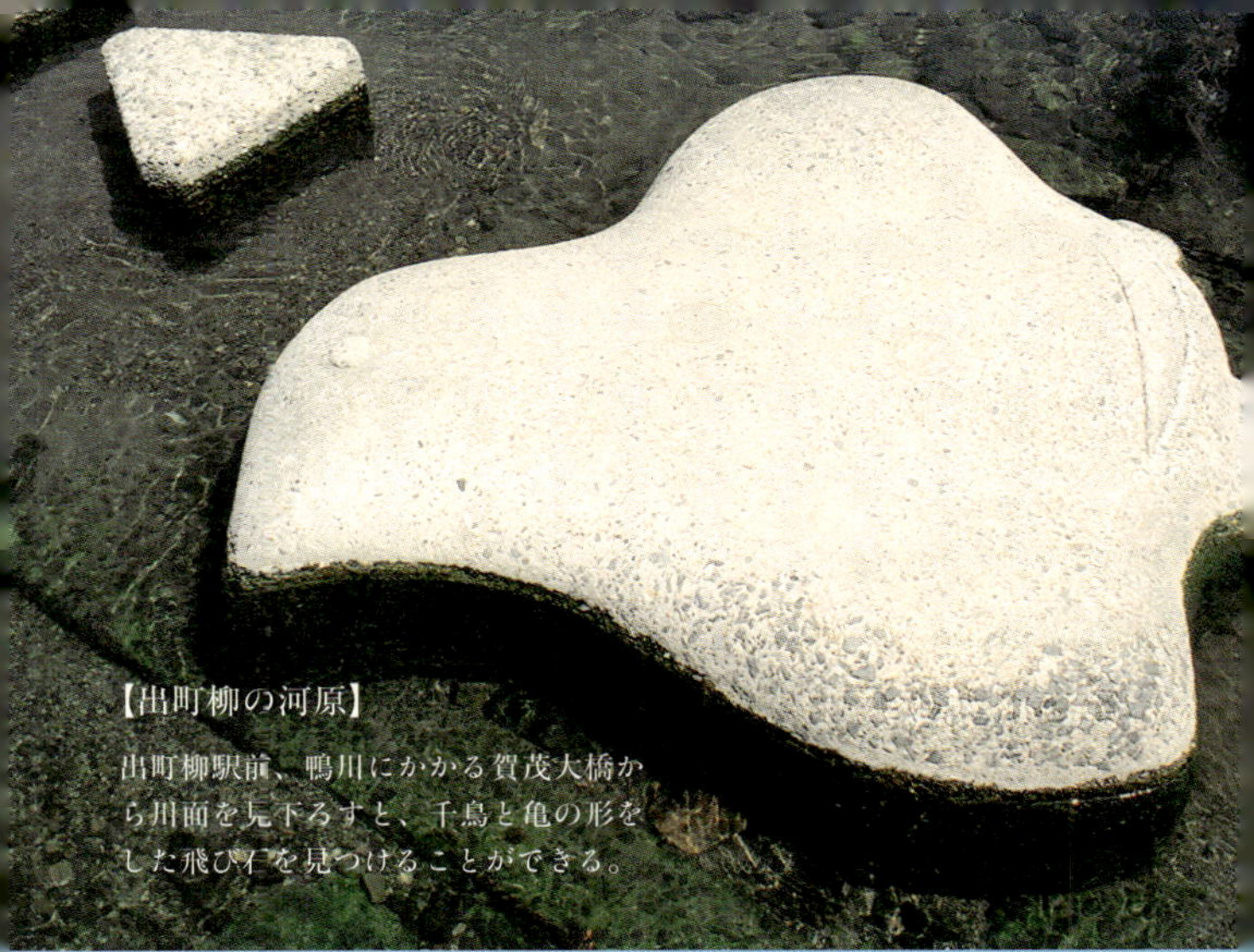

【出町柳の河原】

出町柳駅前、鴨川にかかる賀茂大橋から川面を見下ろすと、千鳥と亀の形をした飛び石を見つけることができる。

【京都タワーの展望食堂】

京都タワーの展望室３階にあり、京都市内を一望できる展望食堂は、スカイルームという別称の通り、空に近い場所でお茶や食事ができるところ。平日には人もまばらで、ひとり読書や書きものをしたり、恋人同士語らうのにもいい。

※現在はリニューアルし、スカイラウンジ「空」-KUU-として営業中。

【進々堂】

京都大学の向かいにある、1930年開店の喫茶店。併設のパン屋、黒田辰秋作のテーブル、壁にかけられたワーズワースの「レインボウ」という詩、レースのカーテン、山盛りの角砂糖。まるで詩や小説の中に身をおいているような感覚を覚える空間。

写真の中の恋人たち

自分では、めったに写真を撮らなくなった。昔はよく、なにかにつけてカメラの中に、忘れたくないものをおさめていたのに。

恋人は、よく寝グセのまま待ち合わせにやってきた。会うたび、違う形に飛びはねた髪の毛が面白く、愛おしくて、嫌がる彼にかまわず、写真を撮っていた。

彼は、決まって無造作な服装と髪型。それでも私はいつも、その日できる一等のおしゃれをして出かけていた。ワンピースに、ネックレス。髪には小さなリボンをつけて。いい匂いのする香水も、必ず一滴。

いまから思えば、あの頃はいくらでも時間があった。あのときはあんなに、「時間がない」と焦ってばかりいたのに……。

小さな動物園を、2周も3周も歩く。そこにある観覧車からの景色が好きで、繰り返し乗った。京都タワーの展望食堂（現スカイラウンジ）では、何時間でも話し込んだり黙ったり。なにかささやかで特別な出来事があると、喫茶店の珈琲とケーキでお祝い。例えば、探していた本が見つかったとか、飼っている猫に子どもが生まれた日だとか。

少しでも一緒にいたくて、橋を避け、飛び石をつたって川を渡る。そんな私に、ちょっと面倒くさそうに、カメラを向ける彼。

年に一度は、アルバムをめくる。でも、決してゆっくりと見ることはできない。私が撮った写真には、抱いた恋心が詰まりすぎている。過ぎた思い出が切りとられた写真は、美しいほど切なくて。

京都乙女甘味図鑑　その2

バレンタインデーの贈りもののお返しに、東京・神保町にある洋菓子店〈柏水堂〉[※14]のマロングラッセをいただいたことがある。「私の好みを心得た、なんて気がきいているセンクト！」と、たちまちその男性のことが好きになってしまった。女性とは案外単純なもので、可愛らしい包み紙に包まれた、甘いお菓子を贈られただけで、ときに恋に落ちたりする。

男友達から、片思い中の女性への誕生日プレゼントに困っていると相談を受けた。

おつきあいしているわけではないから、高価なものより、迷惑にならない値段で女性が喜ぶものを選びたいという彼に「それなら、〈村上開新堂〉の缶入りクッキーを取り寄せるのは？　女性は京都への憧れが強いし、心を射止めるのに甘いものは効果的よ。それに、あとからそれが簡単に手に入るものではないとわかったとき、さらに嬉しくなるだろうし」と助言した。

1ヶ月後〈村上開新堂〉のクッキーは私の元に届いた。

※14　閉店

松風
CAFE BOULANGERIE
Le Petit Mec
華ふうせん

京都乙女甘味図鑑　その２（P91）

左上から時計回りに／〈塩芳軒〉千代結び。〈亀屋陸奥〉松風。
〈Le Petit Mec〉紅茶プリン（取扱終了）。
〈二條若狭屋〉不老泉・善哉。〈京華堂利保〉おしるこ 竹の露。
〈末富〉華ふうせん。〈二條若狭屋〉不老泉・抹茶。〈塩芳軒〉貝づくし。
〈京華堂利保〉しぐれ傘。

【今月の案内図】

京都タワースカイラウンジ「空」-KUU-
京都市下京区烏丸通東塩小路町
京都タワー展望室３階
TEL：075-352-0253
営業時間　喫茶　15:00 ～ 20:00（LO19:45）
土日祝　12:00 ～
バー　18:00 ～ 23:00（LO22:30）
定休日：無休

進々堂〈map-❶〉
京都市左京区北白川追分町88
TEL：075-701-4121
営業時間 8:00 ～ 18:00
定休日：火曜

水路閣（南禅寺）
京都市左京区南禅寺福地町
TEL：075-771-0365

京都市動物園
京都市左京区岡崎法勝寺町
TEL：075-771-0210
開園時間 9:00 ～ 17:00（3 ～ 11月）
9:00 ～ 16:30（12 ～ 2 月）
休園日：月曜（祝日の場合は開園。翌日休園）

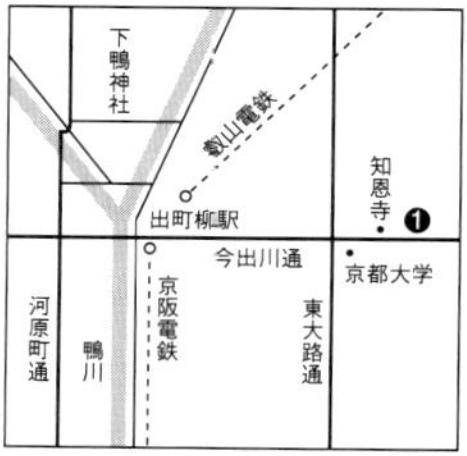

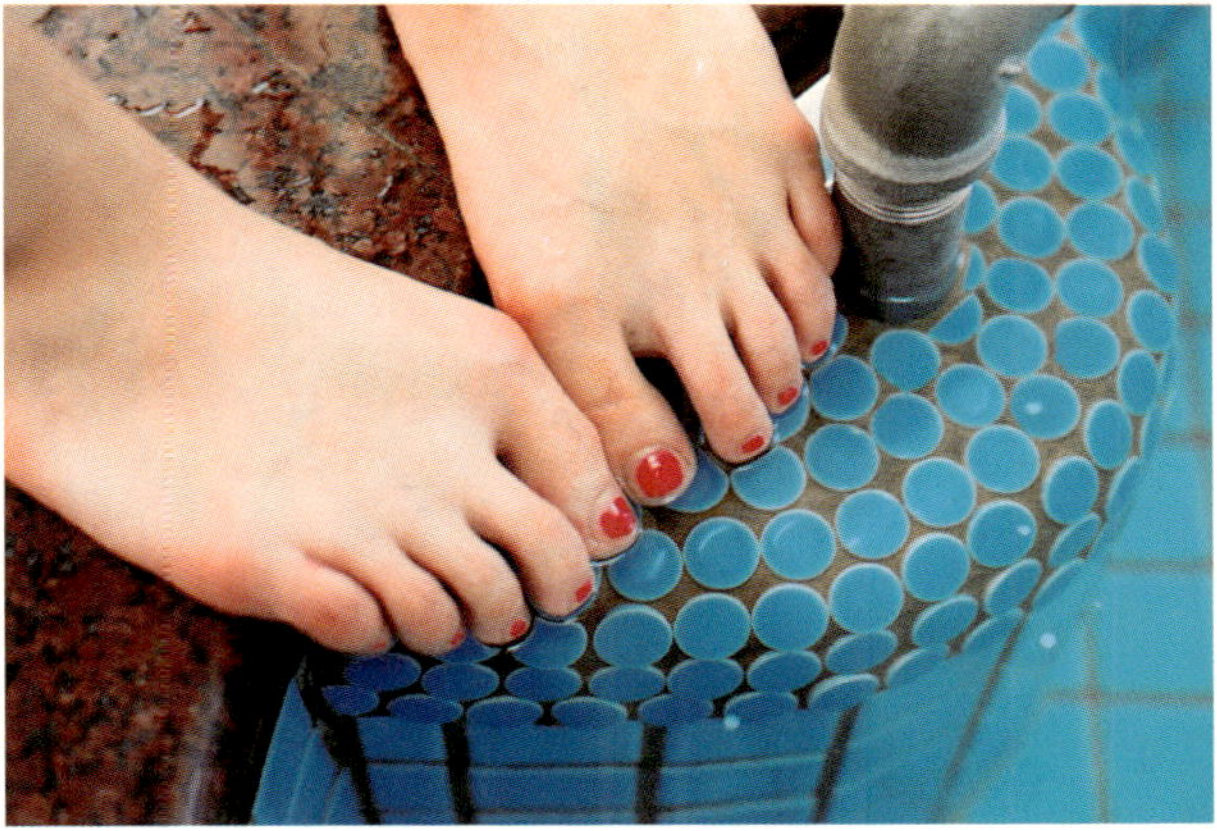

11月　父と娘の京都デート

さすがにもう
子どもの頃のように
手をつないだりはできないけれど。

ただ一緒に
黙って歩く
それだけで
喜んでくれる人。

今日は私が
京都案内いたします。
お茶をご馳走しますからね。

煙草すふ顔の淋しきショールかな
甲斐遊糸

遊糸は「ゆうし」と読み、私の父の俳名。
この俳句は、父から京都でともに時間を過ごしたあとに送られてきたはがきに書いてあった。私が煙草を吸っていたのは京都時代。だから、この俳句を思い出すと京都のことが浮かぶ。

父は、高校の国語の教師をしながら、俳人としての顔も持つ。お父さん子だった私は、父の側で自然と言葉のリズムを覚え、俳人ではないけれど、〝言葉を編む人〟を志すようになった。

小学校の高学年頃から、誰しも通過する父親への反抗期を迎え、ほとんど会話のなかった数年間がある。それが受験を前に、反対されるかもしれないと覚悟しながら「芸術大学

で文芸を専攻したい」と打ち明けると、父は「人はパンだけでは生きていけないというからね。芸術は大切だよ」と、あっさり賛成。その瞬間、反抗心がするりとほどけた。

それからいままで私は、自分で考え決めたことを父に反対されたことがない。それどころか、いつも背中を押してもらっている。

大阪から京都への移転、就職しないフリーランスという職業の選択、東京での開業。自分が選んだ道でもときどき迷うことがあるけれど、最後には父という味方の存在を感じ、前に進むことができる。

ひとり暮らしを始めて10年近く経つ。その10年の間に、父と大阪・奈良・銀座・浅草など、いろいろな土地を歩いた。そのたび父は「みのりとデートしてきたよ」と、母や祖母に、少年のように報告するのだという。

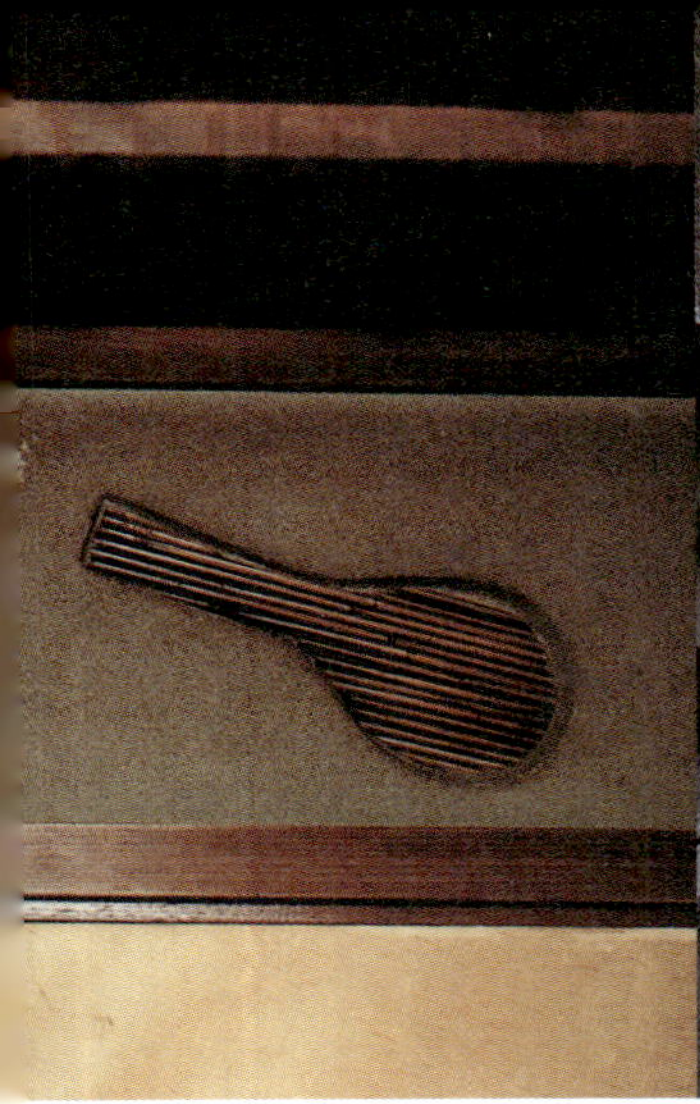

京都でも何度か、父とデートをした。喫茶店や料理屋などの文化的なお店は私が先頭に立って案内をし、歴史は父が教えてくれる。いつもは私と父の得意分野半分ずつ、神社仏閣と喫茶店を交互に訪れることが多いところ、一度だけ私が父を連れまわしたことがある。

ちょうど草木の紅葉が美しくなってきた頃、お気に入りのショールをクローゼットの奥から取り出し、首に巻いて、静岡から上洛する父との待ち合わせに向かった。「今出川通千本西入ル南側、〈静香〉※15という喫茶店」。

碁盤の目状に通りが並ぶ京都では、ある程度土地勘のある人には、地図を渡さなくても住所だけで目的地を伝えることができる。

父は私より先に到着し、奥の席で紅茶を飲んでいた。遅れて店に入った私は、父のことを気にしながらもまず煙草に火をつける。煙

※15　現在は、趣はそのままに、一部リニューアルしています

草を吸う娘を叱るのが母の愛情だとしたら、それを黙って許すのが父の役目。
　両親の愛情を感じながらも、日々迷い続けていたあのときの私の顔は、確かに、淋し気だったかもしれない。父は、そんな私の心情を見抜いて、〝ちゃんとわかっているよ〟という気持ちを私に伝えるために、あの俳句を送ってきたのだろう。静香では、「ここは上七軒の芸妓さんがはじめた喫茶店。私はときどきここで原稿を書くの」と父に聞かせる。
　昼食のため、静香からすぐ近く、〈西陣 鳥岩楼〉という鶏料理のお店を目指す。正午から2時間だけいただける親子丼。ずっと、丼物が好きな父と一緒に食したいと思っていた。
　数寄屋《すきや》造りの町家の2階の部屋に通され、着席して間もなく、白くシンプルな器に入った親子丼と鶏ガラスープが運ばれる。お昼の

お品書きは親子丼1品のみなので、注文は特に必要ない。鶏肉と卵と山椒以外、具が入っていないのが特徴的な親子丼。「美味しい」と言いながら、親子でペロリと完食。

「食べた分だけ歩く」というのが、昔からの父の持論。現在京都に5つある花街の中で最も歴史ある上七軒《かみしちけん》を抜け、北野天満宮周辺を散策する。

「北野天満宮が焼け、修復の際残った用材で茶屋を七軒建てたのが上七軒の始まり。芸妓さんの起源は、北野天満宮の巫女《みこ》さんが少女に限られていたので、成熟した女性がお茶を点《た》てるようになったことから」と、道々父に実際歩いている場所の歴史を教えてもらう。

学問・文芸の神とされる菅原道真が祭神の北野天満宮では、親子で熱心にお祈り。父も母も神様への祈りはいつも、「娘たちの幸せ」

なのだと言っていた。そのお返しに、私は両親の健康と、少し欲張り自分の未来を願った。

午後3時。そろそろ足も疲れてきたので、タクシーで〈船岡温泉〉へ移動。関西には、「〜温泉」という名の銭湯が多い。船岡温泉も、大正12年から西陣にある銭湯。

透かし彫りの欄干、花柄のアールデコ調タイル、天井には木彫りの天狗と、建築物としても貴重で、お湯の種類も檜の露天風呂やサウナなど豊富にある。その上、昔ながらの情緒があるという、三ツ星銭湯。「1時間後にロビーでね」と父と入り口で別れ、午後の早い時間から広いお風呂に悠々とつかる。

お湯の中で、思い出す。ある春、父と満開の桜の鴨川沿いを、出町柳から三条まで歩いたことを。来年は、母も誘って3人で、桜の京都を見て回るのもいいなと思う。

お風呂あがり、温まった体のまま、再び上七軒へ。このときの父との京都デート一番の目的は、洋食店〈萬春〉[※16]でビーフシチューの壺煮をいただくこと。一度口にしてみたいと父に話すと、ご馳走してくれるという。「じゃあ、他のお店は私が払うね」と約束して、北野を訪れたのだった。

お茶屋をレンガ造りの洋館に造りかえたレストランで、父は「月のおすすめ・ディナー」私は「シチュー・ディナー」をお願いし、まずはビールで乾杯。

父は私とお酒を飲むとき嬉しそうな顔をして「日本人は日本酒を飲まなくちゃ」とすすめてくる。けれど私は父に似ず、お酒が弱く、あまり飲めない。いつか父と日本酒が飲めるようにと、ときどき口に含んで慣らしている。

食事中の話題は、昼間の続き。上七軒周辺

※16　閉店

の、季節ごとの風物について。毎年2月25日に行われる北野天満宮の梅花祭、4月は上七軒歌舞練場での北野をどり、7月から8月までの夏の間は、同じく歌舞練場の庭で、舞妓さんや芸妓さんが迎えてくれるビアガーデンがオープンすることなど、父と私それぞれが、互いに知っていることを教えあう。

ゆっくりと、美味しい食事を済ませ、夜の8時。午前中からあちらこちら動いたり話したり、お酒も楽しんだので、もう父は眠そう。出町柳の私の家までタクシーで向かい、父に布団を敷いて、ふたりで早めの就寝。

翌日は、静岡まで帰る父を京都駅までお見送り。「頑張れよ」。父は決まって別れの前に、このひと言を言う。そう言われるたび、純粋に、頑張らなくちゃという気持ちになり「いつか孝行しますから」と心でつぶやいている。

愛しの京雑貨

京都帰りの友人が、何気なくバッグから小さな包みを出した。中身は〈リスン〉の「おしろい」というお香で、甘い匂いと彼女のはからいに、不思議と頬が紅潮した。それから私も京都で、小銭で買うことができる、てのひらにおさまるほどの可愛らしい雑貨を見つけると、自分用の他に、色や形違いを買うようになった。

東京に帰ってから数日間、バッグの中に忍ばせておき、たまたま会った人などに「どうぞ」と不意の贈りもの。それは「お土産」とは違う、「種まき」のようなもの。自分ひとりで秘めておくには大きな、京都と雑貨への愛情。溢れる前に、自らすくっておすそわけ。可愛い京の小さな雑貨たちを、その姿をまだ知らぬ人たちへ「素敵でしょ?」と思いを込めて差し出すと、心なしか相手の頬がピンク色に染まるのを感じる。

小さな雑貨へ抱く恋にも似た想いが糧となり、心にときめきという名の光がさしますように。これは、女性が憧れを抱く雑貨作りをしている、私の願い。

資生堂 紅
朝顔香
おしろい
Powdery floral
JAPANESE LANTERNS,
PARASOLS, UN
MAD

愛しの京雑貨 (P103)

左上から時計回りに／〈豊田愛山堂〉にほひ袋「玉の枝」。
〈豊田愛山堂〉にほひ袋「朝顔」。〈幾岡屋〉資生堂舞妓紅。
〈幾岡屋〉蝶々とお花の髪飾り。〈香彩堂〉お香「朝顔香」(取扱終了)。
〈松栄堂〉にほひ袋(限定商品のため仕様が変更されています)。
〈リスン〉インセンス(お香)「リュシー／おしろい」。
〈豊田愛山堂〉印香４種。〈私物〉雪の結晶模様のろうそく。
〈香彩堂〉りんごとキャンディーのお香立(取扱終了)。
〈豊田愛山堂〉紅乙女という香りのにほひ袋「絵かるた」。〈豊田愛山堂〉印香５種。

【今月の案内図】

静香〈map-❶〉
京都市上京区今出川通千本西入ル南側
TEL：075-461-5323
営業時間 7:00 ～ 19:00
定休日：第2・4日曜(第4日曜が25日の場合は営業)

西陣 鳥岩楼〈map-❷〉
京都市上京区五辻通智恵光院西入ル五辻町75
TEL：075-441-4004
営業時間 12:00 ～ 21:30
定休日：木曜

北野天満宮
京都市上京区馬喰町
TEL：075-461-0005

船岡温泉
京都市北区紫野南舟岡町82-1
TEL：075-441-3735
営業時間 15:00 ～翌1:00 (日曜は8:00 ～)
定休日：無休

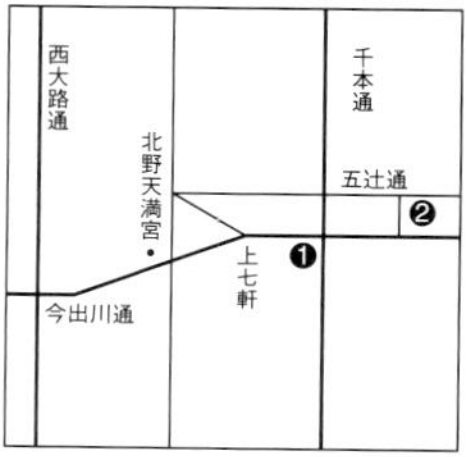

12月

美味しい思い出

その街の思い出は
この道を誰と歩いたかということよりも
誰となにを食べたとか
あの人への手紙を
どこの喫茶店で書いたとか
そんな記憶がよく残る

京都で食べたものすべて
思い出という、付録つき

錦
加盟店
木源

【錦市場】【冨美家《ふみや》】

市場は、子どもの頃楽しみにしていた縁日に似ている。通りすぎるだけでときめく。「京の台所」錦市場は、年中観光客や地元民で混雑しているとわかっていながら、わざわざ横切り、京都ならではの食材に囲まれ満足する。

おなかがすくと、錦小路通堺町の〈冨美家〉でひと休み。この店を好む理由は美味しさの他に、お客が修学旅行生と、いい感じに歳を重ねた年輩の女性がほとんどというところ。おばあちゃんの家みたいに、落ち着くのだ。

京都で食べて飲む楽しみ

中学生の頃、給食が食べられず、面談を受けたことがある。「どうして食べないの？」という先生の問いかけに、ただ黙り込むばかり。そのとき、好きな男の子が同じ班にいた。給食の時間は男女机を向かい合わせにする、そんな習慣になじめなかったのだ。「恋している人の前で、とてもじゃないけれど、食事なんてできません」。そんな私の気持ち、誰がわかってくれただろう。大学生になるまで、食事はひとりで静かにするのが好きだった。

それが京都暮らしの中で、食べ物の好みや、生活における「食」の価値観が似ている人と出会い、気の合う人同士で食事をする楽しさを知った。美味しいものへの探求心が豊かで、飲食にケチ

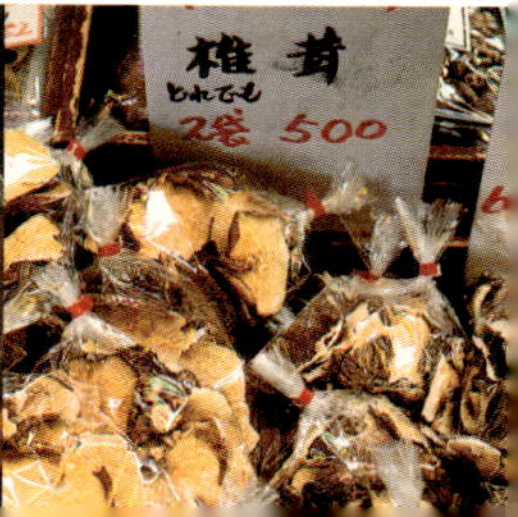

ケチするのが嫌い。そんな友人たちと錦市場や出町柳商店街で買ってきた食材で料理を作ったり、「経験として食しておきたい」もののため、清水の舞台から飛び下りるような思いをしたこともある。

月に一度は、確かな評判の老舗や、開店したばかりの料理屋、それから店構えに趣があったり、仲のよい食通の喫茶店のマスターに聞いて気になったお店の開拓に励んだ。

北白川〈一心《いっしん》〉の「一心鍋」という牛鍋。円山公園内〈いもぼう平野家本店〉の京野菜の海老芋と棒鱈を炊き合わせた「いもぼう御膳」。〈晦庵河道屋〉の茶そばに大根おろしと若鶏の山椒焼きがのった「みぞれそば」。錦市場〈冨美家〉の「おじやうどん」。〈祇園にしむら〉の「鯖鮨」。

これらは、ときどき味を思い出してはうっとりし、夢にまで出てくる大好物。京都の思い出や憧れに、食はいつもついてくる。

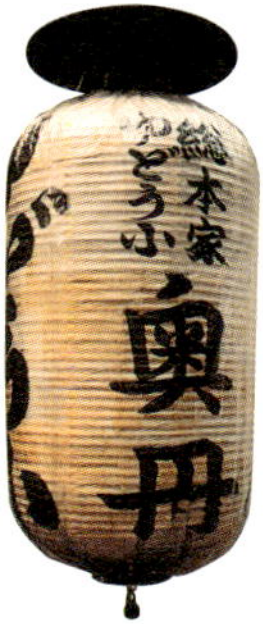

京の味

奥丹の湯豆腐

京都時代には、湯豆腐や湯葉料理などの、ガイドブックに載っているようなお店に足を運ぶことなど、めったになかった。だから京都に遊びに来る人に「京都の雰囲気を満喫できる、代表的な料理屋は？」と尋ねられると困った。たいがい、蛸薬師堺町にある豆腐料理の〈豆菜〉※17を勧めていたけれど、いまならば、南禅寺山門の左手にある〈奥丹《おくたん》〉と答える。

こちらは、アルバイトをしていたときの先輩に「湯豆腐を食べるのにどこがお薦めですか？」と聞いて教えてもらい、最近初めて訪れた。それからすっかり気に入って、何度か足を運んでいる。

お庭は、池の借景と赤毛氈の床机と京都らしい情景。メニューは、胡麻豆腐・とろろ汁・木の芽田楽・精進揚げ・ごはんに、湯豆腐がついたコースのみ。湯豆腐が入った土鍋は、七輪（現在はコンロ）で温められている。創業から380年の伝統ある奥丹の湯豆腐は、京都の味の代名詞。

※17　閉店

京の味

祇園にしむらの鯖鮨

京都にいる間、週に数回お運びの仕事に通った割烹料亭〈祇園にしむら〉。オーナーである旦那さん、女将さん、若くしてカリスマ的な料理の腕前と個性を放つ大将、料理人やアルバイト仲間に、仕事や接客に対する姿勢や作法を教えていただいた。

着物の着付け、お料理の順番、料理や花街の特別な言葉、日々の習慣、伝統、美意識、助け合い補い合う気持ち。知らなかったことを覚え、身につけていくのが、こんなにも楽しく、視野が広がるなんてと、何度も目からうろこが落ちた。

にしむら名物の鯖鮨は、コース料理の箸休めとして出され、お持ち帰りも可能。口にしたお客さまのほころぶ顔を見るのが好きだった。冬から春にかけては千枚漬け、それ以外の時期は昆布がのっている。

京都に鯖鮨を出す店は多いけれど、にしむらに勝る味はない。これまで食べてきたもののすべての中で、最も美味しいと感じたお鮨。

京都料理簡単レシピ

京都帰りの私は、いつもより料理に夢中になる。私が覚えた京都の簡単料理をご紹介。

半兵衛麩の焼き麩で

「焼き麩のプリン」を作る

材料：焼き麩、牛乳、卵、砂糖

◎作り方

① 温めた牛乳に砂糖を加えて溶かし、人肌程度にさます。

② 別のボウルに卵を入れ、卵白を切るように混ぜ、①を加えてさらに混ぜプリン液を作る。

③ 器に焼き麩がプリン液をよく吸収するように注ぐ。器の8分目まで注ぐのが目安。

④ 蒸し器かオーブンで30分蒸す。竹串を刺して、何もつかなければ蒸しあがり。粗熱をとって、冷蔵庫で冷やしてできあがり。

「お麩のオニオングラタンスープ」を作る

材料：焼き麩、タマネギ、固形ブイヨン、とろけるチーズ、パン粉

◎作り方

① タマネギをキツネ色になるまで炒める。

② ①に固形ブイヨンを溶かしたお湯と焼き麩を加える。

③ 焼き麩が膨らんだら、スープをスープ皿に注ぎ、とろけるチーズとパン粉を上に散らす。

④ オーブントースターで焼き、こんがり焼き色がついたら、できあがり。

右から）〈村山造酢〉からしの味がきいた「都すみそ」。〈村山造酢〉薄口醤油に柑橘果汁を加えた「合わせ酢 甘露千鳥」（仕様に変更あり）。〈かね松〉サラダのお供「ごまドレッシング」（仕様に変更あり）。

本田味噌本店の白みそで

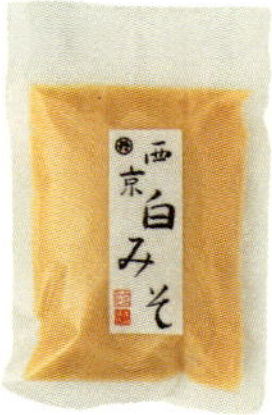

「京風雑煮」を作る

材料：白みそ、頭いも、こいも、大根、にんじん、丸餅、糸かつお（細く刻んだかつお）

◎作り方

① 頭いも、こいも、輪切りにした大根、にんじんを下茹でする。

② 丸餅は焼かずに、野菜と別に茹でておく。

③ 白みそを溶かし、弱火で煮る。

④ ①と②をお椀に入れ、③を注ぎ、糸かつおを天盛りしてできあがり。

湯波吉のゆばのきれはしで

「湯葉丼」を作る

材料：ゆばのきれはし（普通の湯葉でも可）、だし汁、タマネギ、卵、ごはん、粉山椒

◎作り方

① だし汁で、くし切りにしたタマネギをしんなりするまで煮る。

② ゆばのきれはしを加え、だし汁が少なくなるまでそのまま煮詰める。

③ 溶いた卵を加え、ごはんにかける。

④ お好みで粉山椒をかけ、できあがり。

右から）〈原了郭〉お味噌汁に入れている「粉山椒」（仕様に変更あり）。〈八百三〉ジャムのように、パンにつけても美味しい「柚味噌」。〈千丸屋〉料理に可愛らしさを加える「蝶ゆば」（仕様に変更あり）。

私が作った京都の雑貨

　私が京都で始めたＬｏｕｌｅ《ロル》という雑貨ブランドは、「叙情あるものつくり」と「女性の永遠の憧れ」がテーマ。手にした人が、懐かしさや憧れを覚え〝宝物にしよう〟〝あの人に贈りたい〟と感じるようなものを作りたくて。商品第１号は、一箱１００円のマッチ。京阪神の雑貨屋やレコード屋のレジ横に、置いてもらっていた。

　拠点を東京に移してから、もともとＬｏｕｌｅが京都にあったことを知らない方から「あなたが作る商品は、京都的な雰囲気が漂っていますね」と言われ、どんな褒め言葉より嬉しかった。私にとって、京都で見たものすべてが、もの作りの原風景だから。

　あるとき、東京から京都の喫茶店・六曜社地下店のマスターと、マスターの奥さん・美穂子さんに「六曜社の包装紙を作らせてください」と手紙を書いた。そうして出来上がったのが、六曜社の珈琲豆とドーナツとマッチがデザインされた紙。これから長い年月をかけて愛され、京都の定番土産になったらいいな。

ULE
Classic
Bid
in
Kyoto
La tour Kyoto et Bid
Loule
ROKUYOSHA
COFFEE
ROKUYOSHA
COFFEE

私が作った京都の雑貨（P115）

下に敷いた紙／六曜社地下店× Loule　珈琲豆・マッチ・ドーナツ柄のペーパー。写真上から／舞扇堂に別注した山本祐布子デザイン扇子・もやい結びとリング（販売終了）。ビド・京都タワー・千鳥のチャームがついたキーホルダー（ベルメゾンで販売。現在は終了）。六曜社地下店のカップ＆ソーサーとドーナツディッシュ（ベルメゾンで販売。現在は終了）。

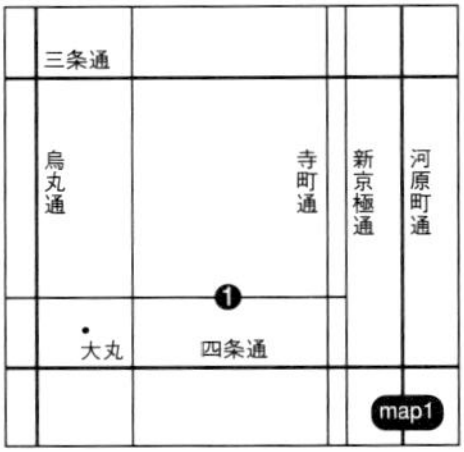

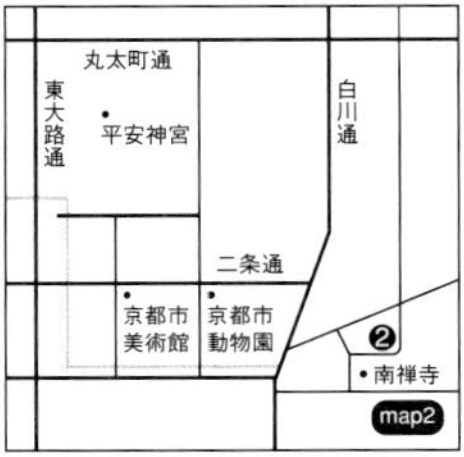

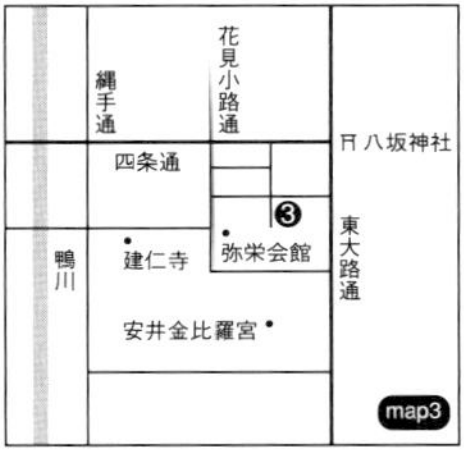

【今月の案内図】

錦市場〈map1-❶〉
京都市中京区錦小路通

冨美家
京都市中京区堺町通蛸薬師下ル菊屋町519番地
TEL：075-222-0006
営業時間 11:00～16:30（LO）
定休日：1月1、2日

総本家ゆどうふ 奥丹 南禅寺店〈map2-❷〉
京都市左京区南禅寺福地町86-30
TEL：075-771-8709
営業時間 11:00～18:00
定休日：木曜

祇園にしむら〈map3-❸〉
京都市東山区祇園町南側570-160
TEL：075-525-2727
営業時間 17:00～21:00（LO）
定休日：日曜

1月　可愛い記憶

マッチひとすり　思いだす
マッチひとけし　忘れてしまう
珈琲のんで　思いだす
ドーナツたべて　忘れてしまう

思いだしたり　忘れたり
喫茶店で記憶を遊ぶ

切ない記憶　嬉しい記憶
過ぎさって　しまったあとは
どんな記憶も　愛おしい

京都で過ごしたお正月の記憶は、とても静か。大晦日の晩から数人の友人と年忘れのお酒を酌み交わし、ちょうど日付が変わる頃、家から歩いて数分の下鴨神社へお参り。下鴨神社は干支ごとにお社が異なり、辰年生まれの私は八千矛神《やちほこのかみ》の前で、神様にご挨拶とお願いごと。「私とあの人に嬉しいことがありますように」と。

元日の朝、目覚めてまずはボーイフレンドを電話で起こし、一緒に新年初の朝ごはん。大晦日のうちに下茹でを済ませておいた、こいも、かしらいも、ねずみ大根に〈本田味噌本店〉の白みそを溶き、丸餅と花かつおを加え、京風お雑煮の出来上がり。姉小路通御幸町の骨董屋さん〈ANTIQUE belle〉で見つけた、蓋つきの漆椀に盛りつけていただく。

休日にはときどき、彼を誘って一緒に朝食

をとることがあったけれど、そのときにはいつも〈柳月堂〉のパンと決まっていたので、和食は新鮮と彼も喜んでいた。「来年は〈下鴨茶寮〉の京風おせちを食べてみたいね」と、はやくも翌年の抱負を語りあう。

1月4日、三条河原町の〈六曜社地下店〉へ向かうため、〈モリカゲシャツ〉のワンピースに着替え、お出かけの仕度。ワンピースは、私にとって着物に次ぐ正装。身につけると、女性としての意識が増し、背筋がシャンと伸びる。お化粧も、いつもより時間をかけて念入りに。

六曜社は毎年お正月の時期にだけ、通常のマッチに代わって、新春マッチというものが用意される。「六曜社の正月マッチを手に入れると、その年はいいことがある」という、自分だけのジンクスを持つ私にとって、新年

に六曜社地下店を訪れることは、初詣と同じくらい神聖な行為。地下店の一番奥のテーブル席につき、新春マッチを両てのひらにのせて、お辞儀をひとつ。

ミルクコーヒーとドーナツを注文してからは、彼は絵を描き、私は文字を書いて、別々の時間を過ごす。

六曜社地下店は、いまの私をつくった場所。訪れると気持ちが温まり、浮かんでくる言葉が愛おしい文字にかわる、特別な場所。

それはまだ京都に移り住む前のこと。友人と六曜社地下店を訪れたとき、いまいるこの席で、灰皿の上に置かれたマッチを眺めながら、「少女は煙草を吸うためにマッチを擦るのではなく、マッチを擦るために煙草を吸う」という文章を生み出した瞬間。あのときから、夢ばかり見ていた私は、少しずつ手探

りで文章や雑貨を作ることを覚え、子どもの頃から抱いていた〝憧れを形にしたい〟という想いを、いまでは仕事にしている。

そんな特等席で、持参した紙とペンを前に、手紙を書く。思い出したり忘れたりしながらも、記憶の中に確かにいつも存在している、大切な人たちへ宛てて。〈京都鳩居堂〉と〈嵩山堂《すうざんどう》はし本〉で買い揃えたはがきや便箋。あの人にはこの柄にしましょうと夢中で紙を選び、静かに高揚する私のただならぬ様子を察したのか、独り言のように、「女の子はいいね」とつぶやく彼。

小一時間が経ち、お互いの手作業が一段落した頃、どちらからともなく席を立ち、お会計。「ご馳走さまでした」と、マスターご奥様に声をかけ、店を出る。

京都で日々生活をしていると、街の建物ひ

とつひとつをじっくり味わうことなどめったにないけれど、お正月にはなんだか強い存在感を感じる。旧毎日新聞社京都支局、サクラビル、京都文化博物館と、三条通は近代建築の宝庫。

中でもひときわ目をひくのが、中京郵便局。お正月の旗が揺らめくその下のポストに、先程書いた手紙を投函してから、帰路につく。

夕食は〈八百三《やをさん》〉の柚味噌で田楽。〈丁子屋〉※18のお豆腐と、〈半兵衛麸〉のお麩が入った湯豆腐。食後に、11月中旬から1月中旬までの約2ヶ月期間限定で発売される〈一保堂茶舗〉の大福茶。

特別なことをするでもなく、彼と私と、私の猫とで、絵を描いたり、音楽を聴いたり、ねこじゃらしで遊んだ、普段以上に静かな夜。それが、京都のお正月の記憶。

※18　閉店

中京郵便局
NAKAGYO
POST OFFICE
郵便局
入口
出口
POST

「唐長《からちょう》」ポストカード

380年もの間、唐紙を作り続けてきた唐長のカード。12枚選んで、両親にプレゼントした。漆の額に入れて、月ごとに柄を替え、和室に飾ってもらうようにと。

「わびすけ」メッセージカード

喫茶処「わびすけ」の片隅で目にとまった、封筒・便箋・メッセージカード。どの柄も大人びた愛らしさがある。誰の画なのか、いつも気になる（閉店）。

京都お手紙用品お買い物案内

京都は、手紙が書きたくなる街。封筒、便箋、はがき、判子と、手紙にまつわる素敵なものが、そこかしこで手に入るから。

切手や、風景印という観光地近辺の郵便局などに用意された消印にも、洒落《しゃれ》たものが多い。

感じのいいはがきを買ったら、その日のうちに、喫茶店やホテルの部屋で、出来事、見たもの、感じたことを文字にしたため、ポストに向かう。

私が集めた京都の手紙用品を、お買い物の参考にどうぞ。

「鳩居堂」ポストカード

さらりとした色鉛筆画のカードは、受け取る人を気負わせずに済むので、男性にはがきを出すときよく使っている。

「鳩居堂」一筆箋

「ひとひら箋」と名のついた、手刷り版画が入った、一筆箋と封筒のセット。和紙に、モダンな少女画という、ありそうでなかなかない組み合わせ。女性へ、ちょっとした礼状を書くときに重宝（取扱終了）。

「さくら井屋」
鳥獣戯画レターセット

手漉き和紙に、鳥獣戯画の手刷りの木版画が入ったレターセット。万年筆で字を書くと、じんわりにじんで、風合いのある文字に（閉店）。

「さくら井屋」
舞妓さんミニレターセット

おままごとで使っていた、おもちゃのお金や、てのひらサイズのはがきや切手を思い出す。5歳の姪と「手紙ごっこ」をして遊ぼうと買ったもの（閉店）。

「田《た》丸《まる》印《いん》房《ぼう》」判子

京都に行くたび、ひとつずつ買い足しているのが田丸印房の判子。白いはがきにペタペタ押して、自分で模様を作っている。そのうち、オリジナルの住所印も注文しようと思案中。

「嵩山堂はし本」文乃香

文乃香は、手紙用の匂い袋。女の子は、猫が好き。封筒をあけて、上品な香りとともに紙でできた子猫が現れたら、きっと喜ぶはずと、微笑ましい想像を膨らませながら封をする。

「嵩山堂はし本」ポストカード

うさぎとかえるの相撲、矢を放つうさぎなど、木版刷り鳥獣戯画のカード4枚セット。京都から、お世話になっている、年輩の恩人や目上の方にはがきを出す際使用するもの。

京都乙女甘味図鑑　その3

敬愛する作家の向田邦子さんは、全国の「うまいもの」を販売するお店のしおりや、新聞や雑誌で見つけた食べ物に関する記事の切り抜きを、「う」と書かれた整理棚の引き出しにしまっていたとか。仕事が一段落したら、まとめて取り寄せるための参考資料にするのだ。

私もそれを真似て、「京、お」という箱を作り、その中に、せっせと集めた京都のお菓子のしおりや包み紙、それにリボンなどもまるめて入れている。

「京、お」とは、「京都の可愛く美味しいお菓子」の略。〝あのお店に行きたい〟とか、〝あれが食べたい〟などと考えながら、3日に一度はその箱を開け、しおりや包み紙を眺める。愛しい京都のお菓子たちの姿形をイメージし、思いを馳せる私は、まるで片思いをしている女学生のよう。大人になったいまも、好きな男の子の写真が入ったロケットペンダントを、ひとりになったときにこっそりと開き、ため息をついていた10代の頃と、あまり変わっていないみたい。

ハート昆布
五辻の昆布
京の乙女
乙女草
五色豆
ぷりん
大極殿
ライテスカ
御菓子調進所

京都乙女甘味図鑑　その3（P127）

左上から反時計回りに／〈五辻の昆布〉ハート昆布。〈長久堂〉鳩の浮巣。
〈大極殿本舗〉ぷりん。〈大極殿本舗〉カステイラ。
〈松屋常盤〉味噌松風。〈船はしや総本店〉五色豆。
〈大極殿本舗〉お千代宝。〈ふたば総本舗〉京の乙女（閉店）。

【今月の案内図】

六曜社地下店〈map-❶〉
京都市中京区河原町三条下ル東側
TEL：075-241-3026
営業時間 12:00 ～ 18:00
定休日：水曜

ANTIQUE belle〈map-❷〉
京都市中京区姉小路通御幸町東入ル丸屋町334
TEL：075-212-7668
営業時間 12:00 ～ 19:00
定休日：無休

京都鳩居堂〈map-❸〉
京都市中京区寺町姉小路上ル下本能寺前町520
TEL：075-231-0510
営業時間 10:00 ～ 18:00
定休日：日曜

嵩山堂はし本〈map-❹〉
京都市中京区六角通麩屋町東入ル
TEL：075-223-0347
営業時間 10:00 ～ 18:00
定休日：年末年始、お盆

2月

京都買い物三昧

京都に行っていた間
猫お留守番
いいこにしてた？　と声かけながら
買ってきたもの
袋から取り出して
行儀よく一列にまっすぐに並べる
猫もそれを一緒に眺めていて
ときどき手をだし
ちょこんとものに触ったりする
「あなたには、包んであった袋とリボン
あげるわね」と床におくと
嬉しそうにじゃれて遊ぶ
私が選んで買ったもの
私からこぼれ落ちた「可愛い」のかけら

弘法さんと天神さん

大阪で大学生活を送っていた頃、毎月21日と22日に四天王寺で開催される縁日に通い、レコードや古着を夢中になって買っていた。

京都にも、弘法大師の命日の毎月21日には東寺で「弘法さん」（写真上段）、菅原道真の誕生日の25日には北野天満宮で「天神さん」（写真下段）と呼ばれる縁日がある。

境内の造りや敷地に関係しているのか、広い敷地で行われる弘法さんのほうが、大阪の四天王寺の縁日に近く雑多で、生活用品や食材などな

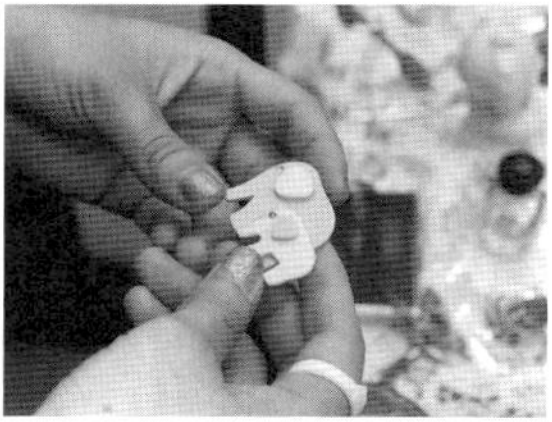

んでも売っている「マーケット」的な雰囲気。一方、天神さんは、お面や金魚すくいなどの露店が参道に並び、縁日といえば誰もが思い浮かべる風景。

私は、弘法さんにたびたび通っている。学生時代のように、レコードや洋服を買うことはなくなり、いまはもっぱら骨董を見て回る。

というのも、古物商の免許を持っていて、骨董に触れるのは勉強のようなものだから。

大阪の古本屋でアルバイトしていたときから、いつか古本や骨董が販売できる古物商の免許を取ろうと決めていた。許可看板をもらうとき、書籍商や宝石商など、自分で看板の

種類を選ぶことができる。書籍商にしようか迷ったけれど、道具商の看板をいただくことにした。「古本生活」や「乙女市」という、古本や不用品を売るイベントを主催したとき、会場のすみに、密かに立てかけていた。

　天神さんに初めて足を運んだのは、つい最近のこと。カラフルな文字で「宝石すくい」とテントに書かれた露店が気になり近づくと、キラキラ光る透明の塊が、水槽を埋めていた。思わず「可愛い」と声をあげると、お店のおじさんが、「綺麗やろ。トイレの水道のタンクのところに置くもんや」と説明してくれた。

　私が子どもだったら、おじさんに

いくらトイレに置くものと教えられても、きっと本物の宝石だと思い込み、宝箱に入れて大切にしていただろう。いつか、縁日で買ってもらった、おもちゃの真珠のネックレスやダイヤモンドがついた指輪のことを思い出した。

東寺の弘法さんで買った年代ものの“都をどり”のお皿（写真左上３点）と、佐野繁次郎がデザインした「パピリオ化粧品」の容器（右下）。

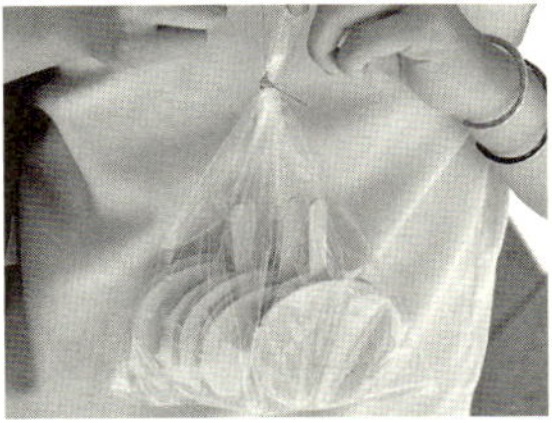

京都買い物三昧

大学に入学し、学内の本屋さんで一番最初に買ったのが、休刊した『太陽』（平凡社）という雑誌の植草甚一特集で、表紙の「タモリ」という名前が気になり、手にとった。その頃は、植草甚一の存在を知らず、ただのタモリ好きだったのが、それをきっかけに、大学の卒業論文で、植草甚一を取り上げるまでに入れ込んだ。

植草氏に熱をあげたのは、ジャズやミステリーの評論家としての一面よりも、お洒落で、雑学に詳しく、街を愛し、買い物を文化のように書いたりみせたりしていたところ。

「ぼくの散歩は何かしら買って帰らないと散歩したということにならない。（中略）たいてい帰ると買ったものを包装紙から出して机のうえに置き、そうしてみとれているので、そのあいだに疲労はどこかへいってしまっている」（〈カルダンのスマートな化粧びんと最近の本の話〉『装苑』1974年より）。

こんな植草氏の好きなことをして生きている姿に、共感と憧れを抱いた。

私にとっても、買い物は日々の糧。毎日のようになにか買わないと、その日が終わった心地がしない自分の性格に、うっすら罪悪感を覚えていたけれど、植草氏を知ってから、「これでいいのよ」と、堂々としている。

105

大阪から京都に引っ越したその日、荷物の運搬後、作業を手伝ってくれた友人と街へ出た。京都に「夷川通《えびすがわどおり》」という家具屋街があると聞き、新居に必要なものを探してみようということになって。途中、〈ハセガワ陶器店〉という陶器屋さんが目にとまった。中へ入ってみると、そこは宝の山。湯のみ、お茶碗、急須、お皿、デッドストックと思われる食器類が所狭しと、高くない値段で売られている。

我を忘れ、何人分ものお茶碗を選んで買い求め、大きな袋を抱えて店を出た。「相変わらずの買いっぷりね。京都でますます発揮するんじゃない」。そんな友人の予言通り、京都は住んでみると、買い物道楽の私にとってはたまらない街だった。

骨董屋や古本屋が充実しているだけでなく、年に何度か大きな古本市が開催され、一見ごく普通のリサイクルショップでも、マッチ箱や包装紙、お菓子の缶など宝物が見つかる。お菓子や、パンや、可愛く美味しい食べ物屋さんもいたるところにあって、仕事の途中に寄り道するお店も、よりどりみどり。しかも千円もあれば満足するものが買えるのだから、散財をするでもない。

この間〈ハセガワ陶器店〉を訪れたとき、6年前のあの日に買った急須と、対の模様の湯のみを見つけた。それまでは、お茶を淹れて飲むとき、急須と湯のみは別々のものだったけれど、これでやっと揃いで使える。

京都は、何度同じ通りを歩いても、なじみのお店に入っても、なにか買うものと、新しい発見があるから楽しい。

持ち手が鉄の急須

赤と緑のこぶりの茶碗

底につばめがかたどられた灰皿

朝顔のような形の灰皿は赤い色

【ハセガワ陶器店】

京都の家具屋街、夷川通にある陶器屋。古本好きの間では「古本屋の〝一律100円本コーナー〟の品揃えを見ればその店がわかる」と言われるけれど、陶器も同じ。店先の、お茶碗一律108円コーナーが、この店の面白さを物語っている。

※このページの商品は、私物のため取扱終了している可能性があります。

京都お持ち帰り

ときどき、「食の贅沢」を楽しむ。とくに京都では。年に数回でいい。20代の自分に見合った贅沢を心得、感性に響くような、経験となる食事がしたい。仕事で訪れる京都は、たいていひとりでの滞在。だから旅行で誰かと一緒のときは、いつもより心がはしゃいで、特別なものを口にしたいと思う。

そんなときには同行者と相談し、席をとってその店の料理を味わうにはまだ早い、老舗料理屋の「お持ち帰り」できる品を事前に予約する。夕刻、お店の暖簾《のれん》をくぐり、品物を受け取るときに感じる、老舗に共通した緊張感がたまらなく好き。蕎麦や釜飯で軽く夕食を済ませたあと、ホテルの部屋に戻って、お持ち帰りしてきたものをいただきながらお酒を飲む。

いつか、その味はその店で、味わえるようになれたらいいけれど、そのためにはもう少し、マナーや京都のしきたりを学んでからでなくては。いつか来る日のために、ただいま勉強中。

MANHARU
KYOTO
KAMIHICHIKEN
PHONE
463-8598
欧風料理
京都 萬春
寿
祇園
いづう
祇園
いづう

京都お持ち帰り (P139)

上から／〈萬春〉ビーフカツサンド(閉店)。〈瓢正〉笹巻ずし。〈いづう〉鯖寿司。

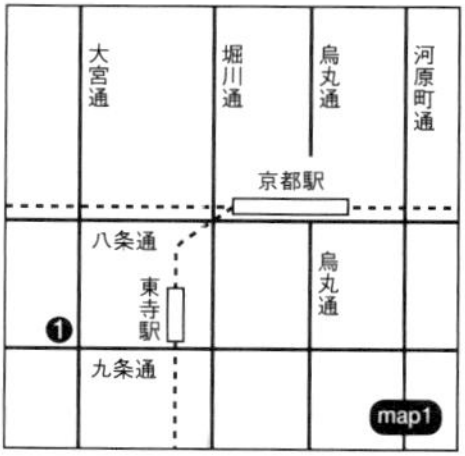

【今月の案内図】

ハセガワ陶器店
京都市中京区夷川間之町角楠町590-3
TEL：075-231-0503

東寺（教王護国寺）〈map1-❶〉
京都市南区九条1
TEL：075-691-3325

北野天満宮〈map2-❷〉
京都市上京区馬喰町
TEL：075-461-0005

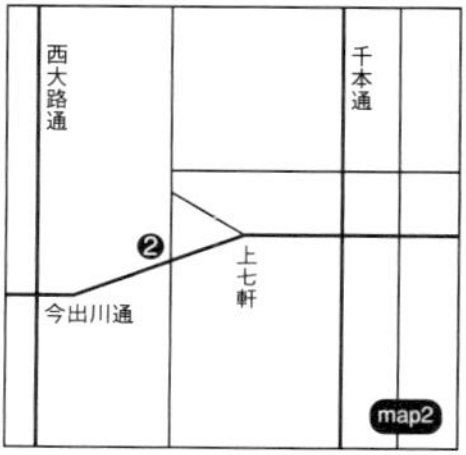

3月 京都に片思い

〝憧れ〟は、片思い。
好きで追いかけ
夢中になって手を伸ばしても
届くことなく、切なさを知る。
京都という街に恋い焦がれ
そんな気持ちを叶えるために、幾度も訪れ
想いを打ち明けるように通りを歩く。
けれど、やっぱりさよならのときは
必ずやってくる。
届かないから、追いかけて
叶わないから、素敵なことも、あるのです。
京都に、永遠の片思い。

出町柳の思い出

家からいちばん近くにあった喫茶店が〈三茶〉。ひとりできりもりする奥様に、若き日の武勇伝をよく聞かせてもらった。お店の名前の由来を尋ねると、愛するご主人「三郎さん」が好きだった「お茶」で〈三茶〉と名付けたのだそう。「あと数年続けたい」と奥様は言っていたけれど、間もなく店は閉じられた。

この何年かで、〈ホワイトハウス〉〈ポケット〉〈はなふさ〉と、好きだった喫茶店がいくつか閉店してしまった。淋しい限り。

ときどき、住んでいた出町柳周辺を歩く。用もないのに、商店街の本屋やスーパーをのぞき、「本日の特価品」を見たりする。必ず立ち寄るのが〈出町ふたば〉と〈ベーカリー柳月堂〉。ありし日を思い出しながら、三角州で買ってきたものを広げて食べたり、東京へのお土産に買って帰ることも。出町柳から今出川まで足をのばし〈わびすけ〉[※19]に寄ってから、京都駅までの地下鉄に乗ることもよくある。

暮らしていたときは、あって当然だったお店が、その街を離れてからもそのまま変わらず同じ場所で営まれているのを確認すると、安心する。

私が好きになり、いいお店だと感じるのは、「10年前からそこにあり、10年先もそこにあるような気がする」佇まいのお店。ご主人、何度も通った私の顔、覚えているかしら？そんなこと考えて、好きなお店の扉を開ける。

※19　閉店

みやぎ
鯖街道
おた福屋
スプリングセール
新 さくら餅
かしわ餅
TOEIC
SALE

【出町柳の三角州】

春はお花見。夏は花火とバーベキュー。冬はライブを観た帰り、近くのラーメンの屋台に立ち寄ったことを思い出す。晴れた日に〈柳月堂〉のサンドイッチや、〈出町ふたば〉の大福を食べたこともある。蒸して暑い日、三角州の脇にある〈ボンボンカフェ〉[※20]で、ビール片手に夕涼みしたことも。

【出町ふたば】

絵本を作る仕事をしていたその会社は、〈出町ふたば〉の並びにあった。毎日、銀行や郵便局に行くためには、〈出町ふたば〉に並ぶ人の行列をかきわけて通らなければならない。珍しく誰も並んでいない日は、豆大福を1個買って、大文字五山のうち、四山が望める仕事場の屋上でおやつの時間。

※20　閉店

【ベーカリー 柳月堂】

朝・昼・晩と〈柳月堂〉のパンを食べても飽きない。お気に入りのクリームチーズ入りクルミパンが焼き上がる夕方が、毎日楽しみ。夜9時頃、パン焼き場でバイオリンの練習をするご主人の姿に、ときどき遭遇。パン屋さんから聞こえてくるバイオリンの音は、絵本の中の世界みたいで素敵だった。

【わびすけ[※21]】

月のはじめ、お小遣いにちょっと余裕があるときのお昼ごはんは、〈わびすけ〉のいもねぎ定食。お値段900円（当時）。学生以上、社会人未満の私には、なんだか贅沢な気がする食事。

※21　閉店

京都、日用品

いま思う、叶わぬ生活への憧れは「京都に暮らす」こと。数年前まで京都で暮らしていた日々が、なんだか夢のよう。仕事の合間や休みの日には、自転車で恵文社という本屋にフラリと立ち寄り、そのあとは六曜社やソワレといった喫茶店で友達と待ち合わせ。

春には「都をどり」、夏は「祇園祭」や「大文字」、秋の紅葉、冬の厳しい寒さの中で降る雪。東京にはない季節の味わいを、京都の生活では感じたり気がつかされたりしたもの。京都で暮らしたあの頃の時間は、再び取り戻すことのできない、キラキラとした最後の青春だったのかもしれない。

ある日、「ｋｙｏｔｏ」という名前のナイキのヨガシューズと出合い、一目惚れして購入。名前やバレエシューズみたいな形があまりに気に入り、しばらく毎日履いているう

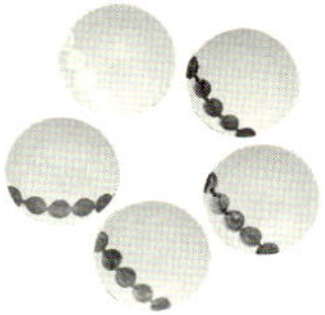

ち、テレビのコマーシャルのように「そうだ 京都、行こう。」と、1日だけの時間の休暇を利用して、ｋｙｏｔｏを履いて新幹線に飛び乗った。

季節ごとに訪れている京都。仕事以外で訪れたとき目的とするのは、日常の延長を味わうこと。暮らしていたときと同じように、通い馴れたお店で買い物をし、喫茶店でひと休みするためだけに、上洛することもしばしば。

その日も、いつもの店でいつもの買い物。普段使いするものは、そのものへの愛着こそが大切。特別高価である必要はなし。何個でも、つい買い足してしまうようなものがいい。イノダコーヒではケトルを、ソワレでは定番のタンブラー、骨董屋さんでは「都をどり」でお茶会に参加するとお土産にいただける、みつだんごのお皿を買い求めるも、すでに何代目かの所有となるものばかり。どれも、京都という憧れに囲まれて暮らすための、愛しい品々。

『Ｐｏｏｋａ』連載「あこがれあれこれおかいもの」の「京都、日用品」に加筆・修正したものです。

上段右より）鳥獣戯画の蕎麦猪口。“鴨川をどり”と“京おどり”のお皿。“都をどり”のお皿。〈スマート〉のお皿。〈柳桜園茶舗〉の茶缶。下段右より）ナイキのシューズと〈一澤帆布〉のトートバッグ。〈イノダコーヒ〉のホーローケトル。〈永楽屋〉の手ぬぐい地バッグ。〈みすや忠兵衛〉の待ち針と縫い針／すべて私物。

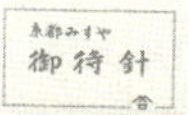

京都、片思い

どうして京都だったのか。あらためて、思い出してみる。

大阪での暮らしは、大学進学のため。入学して早々、言葉や習慣の違いになかなかなじめず、〝卒業したらすぐ、東京に出て仕事をする〟と思う。けれど、大学卒業が迫った頃いま東京に行ったところで、一体何をすればいいいの？　と冷静に自分に問いかけ、いったん東京を諦め、京都に引っ越すことに。

子どものときからずっと、東京に憧れていた。同じくらい、修学旅行で訪れた京都にも憧れた。違っていたのは、東京は自分が仕事をする場としての憧れで、京都は歴史や文化、その土地自体に魅力を感じていたこと。どうせ迷っているのなら、最後に東京を目指すなら、せっかくならば憧れの地で、「自分探し」してみようと、そんな思いがきっかけ。

「言葉を書く人になりたい」小さな頃から変わらぬ夢を抱く私に、父と母は「京都は、歴史や文化や自然や人の手で作られたもの、日本が世界に誇れるもので溢れた街。そんなところに暮らしてみるのもいいよ。いつか、そこで得たものを書ける日がくるよ」。そう言ってくれた。

　京都での日々は、29年の人生の中で、たったの2年。でも、その2年はこの先何年経っても、色あせることはないだろう。
　友達も、思い出も、好きなお店や場所がいっぱい詰まった京都を離れようと決めたのは、京都で得た確かな気持ちを信じて。やりたいことが見つかり、自信と確信が芽生えたから。〝憧れを作る。憧れを書く。それを東京で仕事にしてみよう〟と、潔く京都にお別れ。
　京都で、繰り返し聴いた歌がある。友部正人さんの「もう春だね」。その歌詞の一部を、ハナウタでよく歌った。ちょっと切なくも聞こえるけれど、私はこの詩、悲しくても前向きだから好きだった。

わたしはわたしで良かったわ
ぼくもぼくで良かったよ
とても晴れた月曜日
バスで動物園まで
もう春だね

ぼくは今でもおぼえてるよ
冷たい雨の降る京都の春
君は
ひとりじゃいられなかったし
ぼくも
ふたりじゃいられなくて
あれからもう2年
もうずっと前の話かもね

「もう春だね」

　京都に住むことができて、よかった。離れてしまったいまも、恋しいところ。京都という場所に、京都で暮らした時間に、感謝を込めて。

京都おみやげ

仕事や旅行で、毎月のように京都に行く。訪れる頻度が多い分、時間や予算の都合から、毎回友人それぞれに合ったお土産を選ぶことができない。

そんなとき重宝しているのが、俵屋旅館の石鹸と、割り箸状のみやこ箸。セット販売のみのものをバラして、お土産にする。石鹸や割り箸だったら、いくつあっても困らないだろうからと。

食べ物だったら阿闍梨《あじゃり》餅。モチモチとした食感に、やみつきになる人続出。私も、毎回自宅に買って帰る。

年輩の女性には、台所で便利な栗炭、男性には鳥獣戯画手ぬぐいが喜ばれる品物。

新幹線の時刻まで時間があったとき、新しい発見を求めて、京都タワー1階のお土産物売り場へ向かった。そのとき目にとまったのが、鹿が描かれた西陣織のお財布セット。動物がモチーフの雑貨を集めている友人のお土産に買っていくと、想像以上に喜ばれ、それからは女の子への定番お土産にしている。

京都
俵屋
旅館
栗炭
林万昌堂
平安京を偲ぶ

京都おみやげ（P151）

右上から反時計回りに／〈京都タワー〉西陣織の財布セット（取扱終了）。
〈ギャラリー遊形〉俵屋旅館の石鹸。〈高山寺〉鳥獣戯画おふきん。
〈市原平兵衛商店〉みやこ風袋入杉割箸（20膳組）。
〈満月〉阿闍梨餅。〈林万昌堂〉栗炭（取扱終了）。

【今月の案内図】

出町ふたば〈map-❶〉
京都市上京区出町通今出川上ル青龍町236
TEL：075-231-1658
営業時間 8:30 ～ 17：30
定休日：火曜、第４水曜

ベーカリー柳月堂〈map-❷〉
京都市左京区田中下柳町5-11
（叡山電車出町柳駅東前）
TEL：075-781-5161
営業時間 7:30 ～ 22:00
定休日：土曜

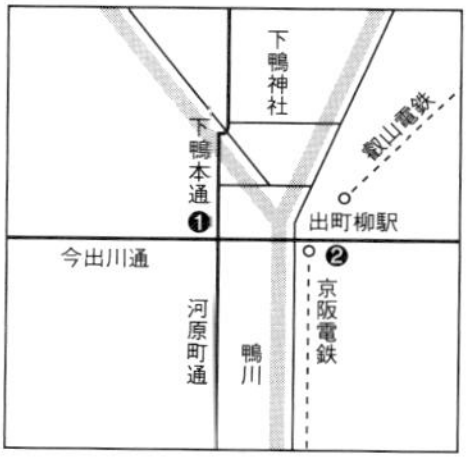

参考文献

『京のみやげもん』淡交社編集局編（淡交社）
『祇園の教訓』岩崎峰子（幻冬舎）
『京のあたりまえ』岩上力（光村推古書院）
『MIYAKO』写像工房編（京都文化振興機構）
『そうだ京都、行こう。』淡交社編集局編（淡交社）
『歌集　酒ほがひ』吉井勇（短歌新聞社）
『京都のこころAtoZ』木村衣有子（ポプラ社）
『京都・観光文化検定試験』京都商工会議所編（淡交社）
『京都おもしろウォッチング』
赤瀬川原平（他）著／路上観察学会編（新潮社）
雑誌『月刊　京都』2000年1月号
特集「洋館に遊ぶ」（白川書院）
雑誌『月刊　京都』2001年8月号
特集「くつろぎの喫茶店」（白川書院）
雑誌『月刊　京都』2003年9月号
特集「文豪の愛した味」（白川書院）
雑誌『月刊　京都』2004年12月号
特集「ご利益を求めて」（白川書院）
雑誌『東京人』1990年1月号
特集「京都を知ったかぶりたい」（都市出版）
雑誌『太陽』1972年6月号
特集「美妓美酒一夜の夢　祇園」（平凡社）
雑誌『太陽』1990年3月号
特集「京都　まるごと美術館」（平凡社）
雑誌『太陽』1999年10月号
特集「京の裏道」（平凡社）
雑誌『BRUTUS』1989年10月号
特集「京都物見遊山繪圖」（マガジンハウス）
雑誌『GQ』2003年7月号
特集「京都のカウンター割烹に彼女が魅かれる理由。」（コンデナスト・ジャパン）

おわりに

「京都の本を作りませんか？」と声をかけられたとき〝ああ、父が言っていた――いつか京都で過ごした時間を書くことができるよ――が、本当に叶った〟と、ため息が出ました。ため息って、夢が叶う瞬間にも、こぼれ落ちるものなのですね。それから1年かけて、初めての本を書きました。

すべてを書き終えたいま、すぐにでも飛び出して、行きたい場所が浮かんできます。

〈京都タワー〉の地下にある浴場でぼんやりお湯につかってから、嵐山の竹林を歩く。〈京都みなみ会館〉で、東京では終わってしまった映画を一日中観るのもいい。〈萬樹 ※現在は、宅配・通信販売のみ〉のうどん、〈青葉〉の台湾料理、〈柳野 ※現在移転し、「酒陶 柳野」〉では珈琲、〈たかはし〉ではお酒と蕎麦を、思う存分味わいたい。宿泊は、八坂神社前の乙女情緒漂う〈東山ホテル〉に何泊かして、〈ＷＯＲＫ ＳＨＯＰ ｒｅｃｏｒｄｓ〉の店主に見立ててもらったＣＤを聴きながら、静かな夜に眠れたら。

この本を作ることが決まってから、ひとりで、友人と、カメラマンさんと、多いときは月に数回訪れた京都。暮らす人、旅する人、両者にとって新しい発見があるようにと、紹介するひとつひとつに神経を集中させながら見つめたその先で、「こんなにも目を凝らしているのに、あなたはまだ私の知らない魅力を秘めているのね」と、幾度京都に敬服したことか。

この本はきっと私の、これから先も尽きることない、京都探求の始まり。

つたない原稿書きや取材を導いてくださった山本泰代さん。何度も一緒に京都まで足を運び、「女の子が抱く憧れって、こうなのです。憧れは、こんな視線の先にあるものなのです」と繰り返す私の目となって、シャッターを押してくださった、カメラマンの米谷享さん。綺麗で、可愛く、心を打つ本にしたいと思いを語る私の気持ちを汲み、整頓しながら、丁寧に形にしてくださった、デザイナーの横須賀拓さん。京都で出会い、それからずっと一緒にもの作りをしてきた、イラストレーターの山本祐布子さんには「私の中にある、京都とみのりちゃんはこんなふうよ」と、表紙とコラムに添える絵を描いていただきました。

そして撮影用のお菓子を買い集め、東京まで送ってくださった六曜社地下店の奥野美穂子さん。友人として、仕事の先輩として助言をいただいた文筆家の木村衣有子さん。恵文社の能邨陽子さん。ロルのスタッフの皆さん。多くの人に寄り添っていただきながら、この本ができあがりました。心からの感謝を申しあげます。

最後に、父と母、家族へ、有難うという気持ちを送ります。

2005年8月　ホテルフジタ京都（現在は閉館）にて

甲斐みのり

文庫版のためのあとがき

単行本『京都おでかけ帖〜12ヶ月の憧れ案内〜』を書いてから11年が経ちました。

20代、初めての著作だったので、当時は考え悩んで書き直す作業を繰り返し、自分の全てを注ぎ込んだつもりでいましたが、文庫化をきっかけに読み返してみると、そこで待っていたのは拙い自分との再会。原稿の確認作業をおこなう間は、思春期に書いた〝ポエムノート〟を開いたときのような照れくささとの戦いでした。このときはまだ、恋やときめきや憧れやピンク色やと、少女時代から抜け出せずにいたようです。そういえば本の発売後、友人に「京都でよくデートしているんだね」などと言われましたが、4月と9月の章は理想と実在の店とを交えた創作です。

そう伝えると、なあんだ妄想だったのかと笑われてしまうのですけれど。若さゆえの文体や表現、当然ながらもう同じように書くことはできません。書き直したくなるのをグッとこらえ、もっぱらすでに閉店している店の確認にとめました。

京都は変わらずおでかけ先。京都駅に降り立つと、くちゃっとまるまりこんがらがった思考が、ゆっくりまっすぐ広がって、体も気持ちもひらり軽やかに。最近はたいてい、駅からまず四条河原町を目指し、11年前にはなかった店〈誠光社〉や〈K・i t〉で買いもの。夜は気のおけない京都の友人と、他愛ない話をするのが何よりの楽しみ。

東京暮らしが長くなっても、行きつけの店や親しい友が待つ京都は、「帰る場所」でもあるのです。

そうしてまたいつか、京都に暮らすことができたらと、密かに思い始めた今日この頃です。

２０１６年夏　　甲斐みのり

祥伝社黄金文庫

京都《きょうと》おでかけ帖《ちょう》
12ヶ月《げつ》の憧《あこが》れ案内《あんない》

平成28年9月20日　初版第1刷発行

著　者　甲斐《かい》みのり
発行者　辻　浩明
発行所　祥伝社《しょうでんしゃ》
〒101－8701
東京都千代田区神田神保町3－3
電話　03（3265）2084（編集部）
電話　03（3265）2081（販売部）
電話　03（3265）3622（業務部）
http://www.shodensha.co.jp/
印刷所　萩原印刷
製本所　ナショナル製本

Printed in Japan　© 2016, Minori Kai　ISBN978-4-396-31698-3 C0195